后浪出版公司

独一无二的作品
出版人的艺术

L'IMPRONTA
DELL'EDITORE

[意] 罗伯托·卡拉索 著
魏 楠 译

四川人民出版社

目录

第一章

出版是一种文学体裁　　　　　　　　　　003

第二章

独一无二的作品　　　　　　　　　　　　017

写给陌生人的一封信　　　　　　　　　　082

第三章

朱利奥·埃诺迪　　　　　　　　　　　　091

卢恰诺·福阿　　　　　　　　　　　　　099

罗杰·斯特劳斯　　　　　　　　　　　　104

彼得·祖尔坎普　　　　　　　　　　　　107

弗拉基米尔·迪米特里耶维奇　　　　　　111

第四章

出版人应该取悦谁？　　　　　　　　　　119

出版人的隐身　　　　　　　　　　　　　124

奥尔德斯·马努提乌斯的广告传单　　　　130

出版后记　　　　　　　　　　　　　　　143

第一章

出版是一种文学体裁

我想谈一些人们认为是理所当然、但表现得并不那么明显的事情——那就是书籍出版的艺术。首先，我想谈谈出版的概念本身——因为在这个问题上，似乎存在着诸多误解。如果你去问人们："出版社是干什么的？"最普遍也最合理的回答一定是：这是行业的一个小分支，靠出版书籍赚钱。那么一家好的出版社应该是什么样的呢？如果你不嫌啰唆的话，我们认为一家好的出版社应该尽可能只出版好书。由此下一个概括性的定义——好书就是会让出版人感到骄傲而不是羞愧的书。就此而论，从经济上来看，一家好的出版社不太可能令人产生特别的兴趣。因为出版那些好书，并没有让谁变得特别富有。或者，至少跟那些卖矿泉水、芯片或者纽扣的市场大亨们没法比。显然，只有当好书被不同档次的东西淹没时，出版事业才能获得可观的利润。而一旦你被"淹没"，就很容易被"淹死"——然后就彻底消失。

同样值得记住的是，出版本身常常呈现为一种挥霍金钱的快速方法。有些人可能会补充说，除了俄罗斯轮盘和高级交际花，让一个贵族青年花光钱的最有效的办法之一就是创办一家出版社。如果真是这样，我们不禁要问：为什么出版机构几个世纪以来吸引了这么多人？为什么时至今日，虽然有时候有些神秘，但是出版机构依然保持着迷人的吸引力？比如，我们不难见到，某些企业大亨并不渴望某种头衔，因为他们往往用高价（当然这只是字面意思）得到这些头衔。如果这种人宣布他们能够出版冷冻蔬菜（而不是生产），他们也许很乐意这样做。因此我们能够得出结论，除了作为行业分支以外，出版往往与声望有关，而这正是因为这是一个关乎艺术的行业。这是一门所有意义上的艺术，而自从金钱成为实践这门艺术必不可少的因素之后，它就变得非常危险。由此看来，或许可以这么说——这个行业自谷登堡那个时代以来，并没有改变多少。

如果我们回顾五个世纪以来的出版史，并试图把出版当作一门艺术的话，就会立刻看到各种各样的矛盾。第一个矛盾可能就是：用什么样的标准来评价一个出版人是否算伟大呢？在这一点上，用我的一个西班牙朋友经常挂在嘴边的话说就是——根本没有。我们可能读过对某些出版人的作品所进行的博学而详尽的研究，但是人们却很少评价出版人本身是不是伟大——而这种情况就不会发生在作家和画家身上。所以，到底是什么成就了出版人的伟大呢？我举几个例子。第一个例子（也可能是最有说服力的一个）带我们回到出版的起源。印刷术中的一种现象，后来因为摄影的诞生而被反复提起。我们能够接触到这些发明，似乎都是因为大师们无与伦比的灵光一现。要想了解摄影的精髓，你只需研究纳达尔①的作品就行了；而要理解一家出版社的伟大之处，你就要研究奥尔德斯·马努提乌斯②出版的所有书籍。他就是出版界的纳达尔。他是第一个设想"出版社"这种机构形式的人。在这里，"形式"这个词需要用不同的方法来诠释。首先，在出版标题的选择和排列上，形式是非常重要的。但是形式也和书中的文字有关，正如书籍作为物品而被展现的方式。因此，形式就包括了书的封面、插图、版面设计、字体和纸张等。奥尔德斯用信件或者书信集③的形式写下的那些介绍性文字，它们往往既是今天简介、前言、后记，也是勒口、目录和宣传材料的雏形。这些文字第一次指出，由同一出版人出版的所有书籍、一系列书籍的所有组成部分，或一本书里的片段，彼此之间应该有所关联。很明显，这是五百年来出版人最难达到也最想达到的目标。如果你觉得这是一项不切实际的事业，你可能要记住：文学会失去它所有的魔力——除非在其深处尘封着某种不可能的元素。我认为，与之相似的一些事物可以称得上是与出版有关，或者至少是

---

① 纳达尔（Nadar，本名加斯帕尔-费利克斯·图尔纳雄，Gaspard-Félix Tournachon，1820—1910），法国早期摄影家、漫画家、记者、小说家和热气球驾驶者。纳达尔因利用摄影术为许多十九世纪名人留下肖像而著名。——译者注
② 奥尔德斯·皮乌斯·马努提乌斯（Aldus Pius Manutius，1449—1515），生于威尼斯，是人文主义学者和印刷商。——译者注
③ 原文为拉丁语 epistulae。——译者注

成为出版人的这种特定方式——在几个世纪中，这种方式很少有人实践，但是有时却会产出值得纪念的成果。为了让读者了解这种出版理念的产物，我会描述两本奥尔德斯·马努提乌斯出版的书作为例子。第一本是1499年出版的，有一个很晦涩的标题：《寻爱绮梦》[①]。今天，它被称为"第一本长篇小说"。此外，这本书的作者身份未知（至今仍是未解之谜），全书用一种虚构的语言写成（类似《芬尼根的守灵夜》[②]那种自创语言），混合了意大利语、拉丁语和希腊语（希伯来语和阿拉伯语则出现在木刻版画中）。你可能会说，这是非常冒险的做法。但是这本书长什么样子呢？它是那种对开本，装饰着瑰丽的木刻版画，相对于文字来说，这是非常完美的视觉补充——也更为冒险。在这里，我们要补充一点别的：绝大多数藏书家都会称其为有史以来印刷出版过的书里最美丽的一本。如果有幸遇到这本书的复制品（哪怕仅仅是高仿品也好），你就会明白。很明显，这本书是独一无二并且不可复制的天才之作。在这本书的制作中，出版人厥功至伟。但马努提乌斯的伟大之处，可不仅仅在于他为几个世纪后的藏书家们提供了无价之宝。我要举的第二个例子也和他有关，但是风格却大相径庭。1501—1502年，借着出版维吉尔和索福克勒斯作品的时机，马努提乌斯发明了"能够拿在手里的书"[③]，或者用他的

[①] 原文为意大利语 Hypnerotomachia Poliphili。——译者注
[②] 爱尔兰作家詹姆斯·乔伊斯的作品，他以"意识流"著称。——译者注
[③] 原文为拉丁语 libelli portatiles in formam enchiridii。——译者注

话说,"小型书"①。如果今天有人能够有幸拿到一本,很快就会发现这是历史上最早的口袋书,也是最早的平装书。通过发明这种书,马努提乌斯改变了人们读书的方式,而阅读这种特定行为也被彻底改变。只是看一眼标题页,我们便要感叹在此处第一次使用的希腊式斜体字的优雅,而这对后世的启发也弥足珍贵。这样,马努提乌斯就做出了两种截然不同的贡献:先是做出了《寻爱绮梦》这样独一无二、无与伦比的一本书;然后,又做出了完全不同的图书——可以印制上百万本的图书,直到今天都是如此。

你可能会说,好吧,这些都很有趣,也都与意大利文艺复兴的光辉岁月有关,但是这些跟我们有什么关系呢?这些又与今天快要被越来越多的平板电脑、电子书和 DVD 光碟(就不说这些数字产品的衍生品了)埋起来的出版人有什么关系呢?为了回答这些问题,我会再举几个例子。如果我直截了当地告诉你,我认为今天一名优秀的出版人应该试着去做马努提乌斯 1499 年在威尼斯做的事情,你可能会觉得我是在开玩笑——但我是认真的。那么,我再给你讲一名二十世纪出版人的事,看看他如何在完全不同的情况下践行马努提乌斯的出版理念。他的名字叫库尔特·沃尔夫。他是德国人,当时年轻又富有,风度翩翩,举止得体。他想出版具有极高文学价值的新人作家作品,所以创造了

---

① 原文为拉丁语 parva forma。——译者注

一系列版式很不寻常的小书，命名为"审判日"①。这个标题在今天看来，很像是德国在第一次世界大战期间出版的系列丛书。这些薄薄的书外观是黑色，没有什么装饰，标签贴得如同学校的练习本一样——如果看到了这些书，你可能会暗暗地想："卡夫卡的书应该就是这个样子。"事实上，这个系列里还真有卡夫卡的几部作品。在这些贴着蓝色标签、镶着黑边的作品里，就包括那篇发表于1915年的《变形记》。卡夫卡当时还是个名不见经传的年轻作家，不喜欢抛头露面。库尔特·沃尔夫写给卡夫卡的信，言辞精致得体，又透着淡淡的关切——读过这些信之后，你就会恍然大悟：这个出版人确实知道他在给谁写信。

卡夫卡不是唯一一个作品经由库尔特·沃尔夫出版的年轻作家。1917年，对出版界来说是石破天惊的一年。库尔特·沃尔夫将一些年轻作家的作品集结在年度合集《从审判日开始》②里。这个合集里的作家有弗朗茨·布莱③、阿尔贝特·埃伦施泰因④、格奥尔格·海姆⑤、弗朗茨·卡夫卡、埃尔泽·拉斯克-舒勒⑥、卡尔·施

---

① 原文为德语 der Jüngste Tag。——译者注
② 原文为德语 Vom Jüngsten Tag。——译者注
③ 弗朗茨·布莱（Franz Blei, 1871—1942），奥地利散文作家、剧作家、翻译家和出版人。——译者注
④ 阿尔贝特·埃伦施泰因（Albert Ehrenstein, 1886—1950），出生在奥地利的德国表现主义诗人。——译者注
⑤ 格奥尔格·海姆（Georg Heym, 1887—1912），德国早期表现主义诗人。——译者注
⑥ 埃尔泽·拉斯克-舒勒（Else Lasker-Schüler, 1869—1945），德国犹太裔诗人、剧作家。——译者注

特恩海姆[①]、格奥尔格·特拉克尔[②]以及罗伯特·瓦尔泽[③]等。在那一年，这些年轻作家发现自己和同样年轻的出版人在同一屋檐下。今天，他们无一例外地成为研究二十世纪早期德语文学的年轻人绕不开的重要作家。

在这一点上，我的观点似乎应该已经表达得很清楚了。奥尔德斯·马努提乌斯和库尔特·沃尔夫这两个人生活的时代相隔了四百年，但是做事情的风格却别无二致。事实上，他们践行的"出版的艺术"是一样的——虽然时至今日，这种艺术可能被大多数人忽视了，甚至也被一些出版人忽视了。在这两个人的例子中，这种艺术可以用同一种标准来衡量，那就是形式：一种给一批书赋予同一种形式的能力，就好像它们是同一本书的不同章节一样。他们注重每一册书的外观及其呈现形式，他们的努力是热情而又执着的。最后——这一点当然也很重要——他们关心如何把一本书卖给更多读者。

大约在半个世纪以前，克洛德·列维-斯特劳斯[④]建议我们应该把人类基本活动之一——也就是神话故事的加工——看作是一

---

① 卡尔·施特恩海姆（Carl Sternheim，1878—1942），德国剧作家、短篇小说家，德国表现主义代表人物之一。——译者注
② 格奥尔格·特拉克尔（Georg Trakl，1887—1914），奥地利著名诗人。——译者注
③ 罗伯特·瓦尔泽（Robert Walser，1878—1956），用德语写作的瑞士作家。——译者注
④ 克洛德·列维-斯特劳斯（Claude Levi-Strauss，1908—2009），法国作家、哲学家、人类学家，结构主义人类学创始人，法兰西科学院院士。——译者注

种特殊形式的构筑。毕竟,神话故事是由现成的元素构建而成的,并且很多都是由其他神话衍生而来。在此,我斗胆提出建议——我们应该也把"出版的艺术"看成构筑的一种形式。试着想象一下,"出版社"这个词的组成,不仅仅是在这里出版的书籍的总和,也包括其他所有的组成元素,如封面、勒口、宣传、印量和销售量,或者同一文本的不同版本等。这样设想一家出版社,你就会发现自己沉浸在一种奇异的光景中,你会觉得它本身就是一部自成一体的文学作品,一种拥有自己经典作品的文学体裁:比如,法国伽利玛出版社[1]涉及的领域就非常广阔,从黑森林和沼泽一般的"黑色"系列[2],到高原一般的七星诗社[3],中间还夹杂了类似波将金村的漂亮小城和旅游胜地——这种体系一以贯之,虽然不能得到叶卡捷琳娜大帝的接见,但也能得到一堆文学奖了。我们清楚地知道,如果一家出版社扩张到这个地步,如果它是一个人,都足以获得一个帝国爵位。所以,伽利玛这个名字一叫出来,就标志着法语的最远边界。或者,从另一方面,我们也可以看看德国岛屿出版社[4]的大量作品,多年来该出版社似乎都为一名开明的

---

[1] 伽利玛出版社是一家法国出版社,由加斯东·伽利玛于1911年在巴黎创立。其出版物以文学作品为主。——译者注

[2] 原文为法语 Série noire,是指上文提到的伽利玛出版社出版的侦探小说系列。——译者注

[3] 七星诗社(La Pléiade)是十六世纪中期法国的一个文学团体,由七位人文主义诗人组成。——编者注

[4] 岛屿出版社是一家德国出版社,创立于1901年,其出版物以文学作品为主。——译者注

封建领主所有，最后他在遗嘱中把所有的房产都留给了他最忠诚、最可信任的管家们……我不继续说了，但是你可以看到，我们这一行的版图竟可以错综复杂到这种地步。

用这种方式审视出版社的话，我们这一行里最神秘的一面可能会变得更清楚一些：一名出版人为什么会拒绝某一本特定的书呢？因为他知道，出版这本书就等于把一个错误的人物放到了一本小说中，这个人物会破坏整体的平衡，或者会彻底改变整部作品。第二点与钱和印量有关：沿着这条线，我们就不得不考虑出版社让人们读某本书（或者，至少买了这本书）的能力，这是衡量一家出版社质量的关键指标。市场——或者说与名为"公众"、晦涩难懂而又暧昧不明的芸芸众生的关系——是一个出版人的第一次神明裁判①。在这里，"神明裁判"这个词取的是与中世纪有关的那个意思：一种让大量投入都付诸东流的"火审"。于是，出版业可以被描述为一种多媒体的杂交文学体裁——确实是杂交。鉴于出版社和其他媒体的结合程度越来越高，这个事实现在已经相当明显。尽管如此，出版业作为一种"游戏"，其玩法和奥尔德斯·马努提乌斯那个年代相比基本没有什么变化。当一名新人作家带着一本没什么名气的新书站到我们面前时，对我们来说，这和那本《寻爱绮梦》难以捉摸的作者没有什么区别。只要这场"游戏"持续下去，我相信一直会有人带着满腔热情玩下

---

① 神明裁判，简称神判，古代一种依据神意或上帝之意来判断事实真伪或是非曲直的方法，其种类包括水审、火审、决斗等。——编者注

去。但是，如果有一天规则彻底改变（我们每每都很担心这种事会发生），我同样相信我们会向其他活动伸出手去——不同的是，我们可能会发现自己要面对的是俄罗斯轮盘、伊卡特纸牌或者二十一点纸牌游戏①。

最后，我想谈谈一个问题和一种矛盾。出版这门艺术的极致能够做到什么程度呢？在某些必要条件（譬如钱和市场）基本消失的时候，出版这个行业还能生存吗？出乎意料的是，答案居然是肯定的。至少，我们可以看一看来自俄国的例子。十月革命进行到高潮的那些日子，用亚历山大·勃洛克②的话说，是"焦虑、恐惧、忏悔和希望的大杂烩"。那时候印刷厂被无限期地关闭，通货膨胀导致物价每隔一小时就会上涨一次。诗人弗拉季斯拉夫·霍达谢维奇③、思想家尼古拉·别尔嘉耶夫④以及小说家米哈伊尔·奥索尔金⑤等人记录下了这样的事件：包括他们在内的一群作家决定投身于秘密作家工作坊，这样就可以让书籍——尤其是某些书籍——流通开来。用奥索尔金的话说，作家工作坊很

---

① 这三者都是赌博类游戏。——译者注
② 亚历山大·勃洛克（Alexander Blok，1880—1921），二十世纪早期俄国诗人、戏剧家。——译者注
③ 弗拉季斯拉夫·霍达谢维奇（Vladislav Khodasevich，1880—1921），俄国诗人、文学评论家，流亡德国的俄国文学家群体领袖。——译者注
④ 尼古拉·别尔嘉耶夫（Nikolai Berdyaev，1874—1948），俄国宗教人士、政治哲学家。——译者注
⑤ 米哈伊尔·奥索尔金（Mikhail Osorgin，1878—1942），俄国作家、记者。——译者注

快就成了"莫斯科唯一一家书店，也是全俄国唯一一家'不用授权'就能买书的地方"。

奥索尔金和他的朋友们本来想要开设一家小型出版公司，但由于形势所迫，这在当时是不可能的。所以，他们的作家工作坊在某种程度上也兼做出版社。这不仅仅是生产新书的地方，也是一个能够让大量书流通起来的地方——这些书有的珍贵，有的平常，往往是不完整的，并且所有这些书注定会被遗忘，最终消失在历史长河中。让这种特定的活动保持活力是非常重要的：人们会继续捧着这些长方形的纸制品，或匆匆翻阅，或排列整齐，抑或在做事的空隙阅读或者讨论它们，最后还可能把书送给别人。重要的是，这种活动创建并保持了一种秩序，或者说一种形式：删繁就简地给它下个定义的话，这就是出版的艺术。莫斯科的作家工作坊在1918到1922年期间也践行了这种艺术。当书店的创建者们决定开始出版一系列作品的时候，出版业的光辉历史达到了顶峰——当时因为无法使用机器印刷书籍，每本书只有一本手抄本。这些书是真正意义上的"孤本"，书籍目录保存在奥索尔金在莫斯科的家里，后来遗失了。但是，作为一个挥之不去的幽灵，它依然鼓励和指引了那些在艰难的日子里想要成为出版人的人们。而日子呢，总归是艰难的。

第二章

独一无二的作品

在我们刚开始涉猎"独一无二的作品"的时候,阿德尔菲出版社还不是现在这个名字。当时仅有寥寥几件事是确定的:尼采作品的精校版足以为其他一切事物指引方向。这一系列经典作品是一个雄心勃勃的大工程——想把前人所做的不完美之事做得更好,也想尝试此前无人问津之事。它们和尼采作品的精校版是由马代尔施泰格印制的。当时,这套书普通得近乎司空见惯。今天,它们是那样不可思议(比如说,价格翻了足足十倍)。我们很庆幸,这套书被托付给了最后一家伟大的经典印刷商。而更加让我们高兴的是,这家大师级的印刷商与卡夫卡的出版人——库尔特·沃尔夫合作了很长时间。

我以前从未见过有人像罗伯托·巴兹伦那样才思敏捷。对他来说,做尼采作品的精校版似乎并没有什么创意。我们可以在别的地方打响第一炮吗?当时,一种带有"非理性"特征,并暗含最严厉谴责的文化在意大利占据主导地位,而"非理性"之父自然就是尼采。这个古怪的词无论如何都对思想毫无帮助,但是却成了几乎覆盖在一切事物上的标签。它也影响到了大量重要作品——

这些作品之所以没能在意大利出版发行，很大程度上就是因为这个该死的标签。

在文学上，"非理性"往往和颓废派艺术家（这也是一个充满谴责意味的词）有着千丝万缕的联系。原则上，被谴责的不是某个作家，而是某种文学体裁。几十年以后的今天，这个词可能显得有些好笑，人们也很难相信这是真的，但只要你的记性稍微好一点，就会记得奇幻文学这种体裁曾被认为是阴暗和可疑的。由此可以看出，想要出版一本小说的想法具有怎样的煽动性——特别是当这本小说是最纯净的奇幻文学作品之一、阿尔弗雷德·库宾[①]的《另一侧》的时候（这本书也是阿德尔菲出版社"传世之藏"[②]系列丛书的第一本），而紧接着的另一本奇幻小说——丛书中的第三本、扬·波托茨基[③]的《萨拉戈萨的手稿》做得就没那么好了（这本书当时不被认为是经典，但是现在不必在意这一点）。

巴兹伦第一次跟我说起这个后来称为阿德尔菲的新出版社时，他很自然地谈到了尼采作品的精校版和未来其他经典作品系列。我犹记得那次谈话的确切时间和地点，因为那天是我二十一岁的生日——当时是1962年5月，我、巴兹伦和柳巴·布卢门塔

[①] 阿尔弗雷德·利奥波德·伊西多尔·库宾（Alfred Leopold Isidor Kubin, 1877—1959），奥地利版画家、插画家。他是象征主义和表现主义的重要代表。——译者注
[②] 原文为拉丁语 Biblioteca，意为"藏书"。——译者注
[③] 扬·波托茨基（Jan Potocki, 1761—1815），波兰贵族，人类文化学家、埃及古物学家、语言学家、冒险家，启蒙运动时期著名作家。——译者注

尔（对，就是蒙塔莱①著名诗歌里的那个柳巴）作为客人在布拉恰诺的恩斯特·伯恩哈德庄园停留了几天。他对这两种书都很满意，但对他来说，最重要的是新出版社即将出版的另一种书：多年来，巴兹伦在不同时机邂逅过这些书很多次，但包括邦皮亚尼和埃诺迪在内，跟他合作的意大利出版人没有一个通过这些书的出版计划。是什么书呢？严格说来，它们可以是任何内容：既可以是藏族经典（密勒日巴②生平），也可以是一位不知名的英语作家（比如克里斯托弗·伯尼）写的一本书，又可以是对科学的新分支——动物行为学最接地气的介绍（也就是康拉德·洛伦茨③的《所罗门王的指环》），甚至是十四、十五世纪关于日本能剧的论述文章。这些都是巴兹伦提过的想要第一批出版的书籍。是什么把它们聚集到一起呢？这一点完全不清楚。后来，巴兹伦是以解释的方式开始谈"独一无二的作品"的。

什么是"独一无二的作品"呢？最有说服力的例子还是"传世之藏"系列丛书的第一本：阿尔弗雷德·库宾的《另一侧》。这个人不是小说家，却写了一本能让读者沉浸在恐怖幻想中的小

---

① 埃乌杰尼奥·蒙塔莱（Eugenio Montale，1896—1981），意大利诗人、散文家、编辑、翻译家，1975年诺贝尔文学奖得主。——译者注
② 密勒日巴（藏文：ཪྗེ་བཙུན་མི་ལ་རས་པ་，藏语拼音：Jêbzün Milaräba，1052—1135），又译为米拉日巴，是西藏最著名的密教修行者，也是西藏最伟大的诗人，是西藏许多民间传说的主角。——译者注
③ 康拉德·扎哈里亚斯·洛伦茨（Konrad Zacharias Lorenz，1903—1989），奥地利动物学家、鸟类学家、动物心理学家，建立了现代动物行为学。1973年诺贝尔生理学或医学奖得主。——译者注

说。这是一本在持续三个月的精神失常状态下写出的书。在此之前，库宾的生活中从来没有过这样的时刻；此后也不会有。在特定的时机下，这本小说完美地契合了作家当时的自身状态。有两本小说在卡夫卡之前就已经有了卡夫卡的风格：库宾的《另一侧》和罗伯特·瓦尔泽的《雅考伯·冯·贡腾》。这两本书都被我们收录在"传世之藏"系列丛书中。还有另一个原因：除了"独一无二的作品"之外，如果我们要谈二十世纪"独一无二的作家"，有一个名字必定会脱颖而出——那就是卡夫卡。

简单来说，"独一无二的作品"就是作家本人明显经历了一些事情、并将其映射在写作中而完成的作品。在这一点上应该指出的是，巴兹伦对待写作是出了名的没有耐心。矛盾的是，尽管他一辈子都与书打交道，他却将书视为"次要成就"，也就是说他总觉得这后面隐藏着什么。作家一生都需要在读书和写书中度过，他需要在生理上将其吸收，然后再完美地转化为自己的风格（虽然这并不需要经常发生）。如果真的发生了，那就说明这些书确实吸引了巴兹伦。要理解这一点，就要记住：巴兹伦成长在一个人们普遍认为纯文学拥有自我满足权利的年代里，那是属于赖纳·玛利亚·里尔克[①]、胡戈·冯·霍夫曼斯塔尔[②]和斯特凡·格奥

[①] 赖纳·玛利亚·里尔克（Rainer Maria Rilke, 1875—1926），十九世纪末一位重要的德语诗人。——译者注

[②] 胡戈·劳伦斯·奥古斯特·霍夫曼·冯·霍夫曼斯塔尔（Hugo Laurenz August Hofmann von Hofmannsthal, 1874—1929），奥地利小说家、剧作家、诗人、评论家。——译者注

尔格①的年代。结果，他就患上了某种过敏症。我第一次见到他的时候，他正在和克里斯蒂娜·坎波讨论关于她对威廉·卡洛斯·威廉斯②作品的伟大翻译工作，而且一直在坚持一个观点："一个人不应该听太多作家③的话……"他指的"作家"是从歌德开始到弗里德里希·贡多尔夫④这种德语文学传统中的"作家兼诗人"（顺便一说，巴兹伦非常清楚这种伟大传统的重要性）。

因为自身那前所未有的特殊性，"独一无二的作品"冒着相当大的风险，而这些至今并未诉诸笔端。用庄子（如果我们只能说一个的话，那么庄子才是巴兹伦真正的师傅）的思想来说，真正完美的作品都是"润物无声"的。独一无二的作品就好像祭祀残留⑤一样——《梵书》的作者们从未停止过对它们的思考，《阿闼婆吠陀》也为之奉献了一曲壮丽的赞歌。没有一种祭祀是不会留下残留的——而世界本身就是一种残留。因此，书籍必须要存在。但是，必须要记住的是，如果祭祀没有留下残留，那么就不会有任何书籍留存。

用勒内·多马尔和罗歇·吉尔贝-勒孔特创办的《大博弈》⑥期

---

① 斯特凡·格奥尔格（Stefan George, 1868—1933），德国诗人、翻译家。——译者注
② 威廉·卡洛斯·威廉斯（William Carlos Williams, 1883—1963），美国诗人、小说家。——译者注
③ 原文为德语 Dichter。——译者注
④ 弗里德里希·贡多尔夫（Friedrich Gundolf, 1880—1931），犹太裔德国诗人，魏玛共和国时期德国重要学者。——译者注
⑤ 原文为梵语 śeṣa, ucchiṣṭa。——编者注
⑥ 原文为法语 Le Grand Jeu。——译者注

刊的话说，无论在任何情形、任何时期、任何境遇下或者用任何方式，独一无二的作品是在《大博弈》中已经过时的作品。对巴兹伦来说，这两个人都是容易冲动的青少年，在二十岁的时候创办了期刊——与之相比，法国布列塔尼人的超现实主义文学似乎显得浮夸、自大，还很过时。他们预想一种假设性很强的新型人类学研究，而这正是"独一无二的作品"所要体现的。这种人类学依旧属于可能的未来，比起从前有过之而无不及。后来，1968年蓦然爆发——起初我还觉得有些不快，就像一种拙劣的戏仿。与《大博弈》相比，这是一种温顺的反叛，在随后几年里也表现得一目了然。

《相似之山》是多马尔未完成的小说，与克劳迪奥·鲁加费欧里充满智慧的散文并列为"传世之藏"系列丛书的第十九本。这部作品是一条若隐若现的轴线——沿着这条轴线，各种独一无二的作品纷纷调整了自己的风向。但是，这并不表明这些书中的每一本都要传达某种"隐秘教诲"。作为"传世之藏"系列的第二本，埃德蒙·戈斯①的《父与子》足以证明这个观点的错误。这本书用充满细节又令人悲伤的笔调，不偏不倚地叙述了维多利亚时期的父子关系。这是一个以地质学和宗教神学为背景的关于两个独立个体——一个小男孩和一个成年人——之间能够严格地尊重对方却又不可避免地缺乏理解的故事。埃德蒙·戈斯后来成了一

---

① 埃德蒙·戈斯（Edmund Gosse, 1849—1928），英国诗人、作家、文学评论家。——译者注

名出色的文学评论家,但却几乎没有一点《父与子》中描述的那个小男孩的痕迹;而在《父与子》中,他分明就是那个小男孩。这本书成了他的自传,因此与《另一侧》有些共通之处。

然而,让这些互不相干的书籍拥有辨识度的必不可少的特点是什么呢?作为最终结论,我想这可能仅仅是巴兹伦有时候提到的"正确的声音"。就其本身而言,要想做出一本书的话,就算没有经验也可以。引人入胜的重要事件最后也只产出了无聊的书籍,这种例子也不在少数。于此,我又想到了一个例子:在上一次世界大战中,很多人饱受监禁、流放以及折磨之苦,但是对完全隔离和完全无防御的经历做出简单明了的描述、并由此发现了其他东西的,就只有克里斯托弗·伯尼和他所写的《单人牢房》(也是"传世之藏"系列的第十八本)。这个人写完这本书之后,就又悄无声息地回到了籍籍无名的状态。可能他并不打算写书,但是这本书(这本"独一无二的作品")确实是被他写了出来。

选好了系列丛书的名字之后,我们现在需要敲定它的外观。很快我们就"应该避免的风格"达成了一致:不能太白,也不需要太多美工设计。"不能太白",是因为白色是埃诺迪的招牌设计,并且这种设计在意大利国内外的书籍发行中有着上佳的表现。因此,尽可能表现得不一样对我们来说就成了当务之急,所以我们就专注于颜色和铜版纸(就是伊米特林花纹纸,之后我们一直都用这种纸)。就颜色而言,当时意大利出版业使用的颜色不仅少,而且相当难看。要探索折中风格的话，还有很大的空间。

我们也不想要太多美工设计。不管这些设计有多好（或者多糟糕），它们都有一个共同的缺点：不论它们看起来是什么样子，一旦作为美工设计出现，就必须要遵循某种极度保守的、由那帮现代主义拥趸制定的条条框框。我们觉得，一定还有其他的方法。某一天，奥博利·比亚兹莱①的作品目录开始在出版社办公室里流传开来。办公室后面放了几本他于1895年在伦敦威果街为出版商约翰·莱恩的"主旨"系列书籍设计的封面样稿。我们做了一些调整，把比亚兹莱添加的饰带换成了写有"阿德尔菲·传世之藏"字样的黑色带子。这样封面就完整了。最重要的是，这为我们认为不可或缺的元素——意象——提供了模板。所以，为了向比亚兹莱致敬，我们决定在系列的第二本书——《父与子》中加上比亚兹莱为菲奥娜·麦克劳德②作品《山岳恋人》所设计的饰带。

许多年以后，在一家旧书店里，我意外地看到了"主旨"系列丛书的宣传小册子。当我在那里再一次看到比亚兹莱为 M. P. 希尔③作品《扎列斯基王子》设计的封面时，我几乎不敢相信自己的眼睛。真是一次意想不到的邂逅啊⋯⋯ M. P. 希尔在英国已经

---

① 奥博利·文森特·比亚兹莱（Aubrey Vincent Beardsley，1872—1898），英国插画家、作家。——译者注

② 菲奥娜·麦克劳德（Fiona Macleod，1855—1905），本名威廉·夏普（William Sharp），苏格兰诗人、文学传记作家，1893年开始用菲奥娜·麦克劳德作为笔名。——译者注

③ 马修·菲普斯·希尔（Matthew Phipps Shiel，1865—1947），笔名 M. P. 希尔，是一名多产的英国作家。——译者注

被完全遗忘，他的作品《紫云》也许是巴兹伦为阿德尔菲出版社找书时的最后一个惊喜发现；在"传世之藏"推出之后，这本书也很快成了该系列最初几本畅销书之一。这本书于1967年出版，由鲁道夫·威尔科克①引进并巧妙地翻译成了意大利文。它马上就被重印，并和格奥尔格·格罗德克的《它的书》一起成了阿德尔菲出版社第一批读者的身份标记。

名字，纸张，用色，美工设计——所有这些都是系列丛书的必要元素，而能够让一本书具有辨识度的重要元素——意象，却还缺失着。书籍封面上的意象应该如何体现呢？我今天会这样描述——那就是符象化的反面。当然，我从未这样描述过这种方法，不过我们都是这样心照不宣地去做的。"符象化"是古希腊语中的一个词，指的是把艺术作品用文字诠释出来的修辞手法。甚至还有专门关于符象化的著作，比如菲洛斯特拉图斯②的《意象》。当代的符象学大师当属罗伯托·隆吉。其实，他对绘画的评述可以说是他的散文中最大胆、最发人深省的部分，比他讨论和分析的文章有意思得多。但是，除了隆吉以外，另一位无与伦比的符象学大师只能是波德莱尔③。他的造诣之深不仅体现在散

---

① 胡安·鲁道夫·威尔科克（Juan Rodolfo Wilcock，1919—1978），阿根廷作家、诗人、文学评论家、翻译家。——译者注
② 卢修斯·弗雷维斯·菲洛斯特拉图斯（Lucius Flavius Philostratus，170/172—247/250），古罗马帝国时期的希腊哲学家、诡辩家。——译者注
③ 夏尔·皮埃尔·波德莱尔（Charles Pierre Baudelaire，1821—1867），法国诗人，象征派诗歌的先驱，现代派奠基人，散文诗的鼻祖。——译者注

文上,还体现在诗歌中。他把德拉克洛瓦①描述为"徘徊着坏天使的血湖"②,把大卫③称作"冰冷的星星"④。波德莱尔的用词精准且弥足珍贵,成功地将这些描述与这两位画家联系了起来。所以,不管是否意识到了这一点,所有决定封面选择的出版人,都是符象学艺术最后的也最谦逊、最不为人所知的传承者。但是这一次,出版人做的却是相反的事情:试图寻找一种与文本内容对等或者类似的意象。不管他们有没有意识到,所有用了意象的出版人,其实都在做与符象化相反的事情,甚至印刷的书籍封面都是这种艺术的应用,只不过形式上比较有限、不那么明显罢了。并且,这是与质量无关的:作为一门艺术,它对低俗小说和具有伟大文学理想的作品来说同等重要。但是,我们需要在这里添加一个至关重要的细节:这是一门具有重大责任的艺术。作为书籍内容化身的意象,我们不能仅仅为其本身而做出选择,更要特别考虑到将会评价这些书籍的模糊而不详的实体——也就是大众。仅仅选择"合适"的意象是远远不够的。要让千千万万毫不相干且普遍不知道自己将会在书中找到些什么的人认可,那才能称得

---

① 欧仁·德拉克洛瓦(Eugène Delacroix,1798—1863),法国著名浪漫主义画家。——译者注

② 原文为法语 lac de sang hante des mauvais anges。——译者注

③ 指大卫像(David),该雕像为文艺复兴时代米开朗基罗的杰作,于1501年至1504年雕成。雕像为白色大理石雕成的站立的男性裸体,高5米多,重约6吨,用以表现圣经中的犹太英雄大卫王。原作目前置放于意大利佛罗伦萨美术学院。——译者注

④ 原文为法语 astre froid。——译者注

上是"合适"。结果就是出现了这种近乎滑稽的矛盾状况：意象要以巧妙的方式呈现出来，还要激起那些一无所知的人们的好奇心，使他们拣选本书，即使他们所知的仅仅是作家名字（他们通常是第一次听说这个名字）、书名、出版人的名字以及精装封面上的话语（通常都不可信，因为是"写给自己"① 以外的东西）。同时，封面的意象必须要在这些陌生人读完书以后依旧保持"合适"的状态，要是能够不让他们觉得"这个出版人知不知道自己在出版什么"就更好了。我甚至怀疑相当一部分出版人都没有充分考虑过这些。但是我一视同仁地说，这些出版人——不管是最好的还是最差的——每一天都在问自己一个非常表面的问题：这种特定的意象卖得好不好？如果仔细考虑的话，这个问题更像是一桩公案。"卖"意味着一种同样很艰难的过程：你该怎么激发人们对一种非常不为人所知而且在很大程度上难以捉摸的混合体产生兴趣呢？在美国和英国，那些顶尖的美术编辑团队发现自己每天都处于这种境地之中：他们被指派了一个对象（一本不需要他们去阅读的书），还有几个主要或者次要的指标（发行量的期望值、目标读者类型、书中涉及的题材以及可能出现的问题等）。他们的任务就是创造出意象，并用最有效的包装来展现这个意象。今天美国和英国的书籍就是这种行为的产物。它们有时候很丑，有时候很棒，但往往都遵循同一个套路，结果就导致这些书彼此之间的关系过于紧密。这就好像是书摊上展出的所有书的封

---

① 原文为拉丁语 pro domo。——译者注

面都来自于一个设计中心,中心里有的部门相当熟练,有的则非常生疏。这个系统可能会有吸引力,也可能没有,但是就阿德尔菲出版社而言,我们的系统是非常不一样的。

我们从一开始就觉得,如果有毅力,我们每次都能在浩如烟海的意象中找到适合我们将要出版的书的那一个——不管它是图片、照片还是图案,所以我们从不委托别人设计封面。在超过三十年的时间里,卢恰诺·福阿和我一而再、再而三地筛选和尝试过数以百计的意象、设计图案和背景颜色。不幸的是,巴兹伦没能参与到这个工作中——他在1965年7月去世了;而"传世之藏"系列的第一本书也在同一个月印制完成。但是,曾经为出版社工作的每个人都是我们中的一员,他们现在也以各种不同的方式为出版社做着贡献。如果可以的话,有时候作家也是我们中的一员。我们也总是欢迎来自外部的每一条建议。有时候,选择确实是令人头痛的一件事情,还有许许多多的遗憾,以及有关遗憾的遗憾。就拿一件事来说吧:戈斯的《父与子》再版的时候,我们决定改变一下封面图案,把比亚兹莱设计的花朵换成戈斯父子的照片——在初版里,照片在标题页的背面。在今天看来,我更喜欢原来的那个封面。

相反,符象学艺术需要很多很多时间来发展、扩充以及呈现。它的目标就是形成一系列意象,使之不仅仅能够适用于一本书(就是这些意象所在的那一本书),而且也能与其他书产生共鸣,就像同一系列的不同书籍之间能够彼此联系起来那样。这样,这种关于不可抗拒的亲和力的奇异特例就被创造出来，所以某些作家总能吸引某些画家，比如乔治·西默农[1]和莱昂·斯皮里亚埃尔[2]。斯皮里亚埃尔是一位和西默农很像的比利时艺术家，他的才华至今仍被低估。他第一次出现在西默农的书封上的作品是1991年的《目送火车经过的人》（也在我们的口袋书系列里）。此后他的作品出现了十二次。他总是能够给我们以及我们的读者（因为我们能够确认这一点）留下这样一种印象——这就是最合适的那个意象。所以，每当我们出版"传世之藏"系列里西默农的作品时，我们就会下意识地寻找最合适的斯皮里亚埃尔作品做封面。如果说西默农总是作为一种风格的缔造者而闻名，那么可以想见，斯皮里亚埃尔的作品就是这些风格的画布，就好像它们早就在那里等着作家西默农来描述一样。它们的共同点就是简洁、苍白而又诡秘的风格——拥有某种阴暗的背景。这种风格可能从一个衣帽架、一件旧家具、镜中反射的影像或者奥斯坦德[3]的沙滩中体现出来。

不过，斯皮里亚埃尔也和另一位风格迥异的作家——托马斯·伯恩哈德[4]有关系。他们的故事可以帮助理解在符象学实践

---

[1] 乔治·西默农（Georges Simenon，1903—1989），比利时法语作家，擅长写推理小说。——译者注
[2] 莱昂·斯皮里亚埃尔（Léon Spilliaert，1881—1946），比利时象征主义画家和图形艺术家。——译者注
[3] 奥斯坦德（荷兰语：Oostende；英语：Ostend），位于比利时西佛兰德省的一座城市。——译者注
[4] 尼可拉斯·托马斯·伯恩哈德（Nicolaas Thomas Bernhard，1931—1989），奥地利小说家、剧作家、诗人。——译者注

过程中产生的奇异共鸣。当伯恩哈德的五卷本自传出版第一本的时候,我有种不知道去哪里找的感觉。我们很难为一些作家的作品封面找到一个恰当的意象,而伯恩哈德就是其中最好的例子(所以祖尔坎普版本的伯恩哈德作品往往选择在封面上印文字)。似乎他这种极致的个人癖好也延展到了笔下人物身上,与它们相排斥。最后我们还是选择了斯皮里亚埃尔的作品——一堵长长的矮墙,矮墙后面是黄红色的广阔天空;在另一边,则是一棵光秃秃的树,这棵树却拥有茂密的树枝。我无法解释自己为什么选这幅画作为《原因》的封面——因为《原因》这本书以萨尔茨堡这个充斥着纳粹主义和顽固偏见的巴洛克风格城市为舞台。但它并没有令我不悦。两年以后,我们出版了自传的第二本《地下室》。我又一次锁定了斯皮里亚埃尔的作品——几棵光秃秃的树干立在空无一物的景色里。然后,自传第三本《呼吸》的封面还是用了斯皮里亚埃尔的作品——一棵高高的树上有很多光秃秃的树枝。这是一种合谋,一种秘密联盟——联盟的双方是作家的自传与画家的树。自传第四本《寒冷》的封面依旧是斯皮里亚埃尔的作品——一条冬日里的街道,街道两边排列着掉光了叶子的树。到了这个系列的最后一本《一个孩子》,我又一次感到了巨大的不确定性。最后,我虽然没能找到斯皮里亚埃尔画的树当作封面,但是却选择了他的另外一幅画——几个堆成一堆的五颜六色的盒子。不可思议的是,它作为这本书的封面却非常合适——有些幼稚、有些喜悦,却不必指向孩子的形象。

我见过伯恩哈德几次,每一次都非常令人难忘。我们第一次见面是在二十世纪七十年代的罗马,一同在场的还有英格博格·巴赫曼和弗勒尔·耶吉。伯恩哈德在奥地利研究所读了他作品中的一本。他跟我们说了研究所主任是怎样用一种维也纳式的官腔急着通知他这件事情的——"阁下将要就寝的床铺,正是数月前约翰内斯·乌尔奇迪尔于此过世之同一床铺"。伯恩哈德那天晚上一直保持着沉默,一直到过了午夜才开始活跃起来,然后他好像被人催着似的,滔滔不绝地说了好几个小时的话,给我们讲了一些故事——有的令人捧腹大笑,有的又很恐怖。他一直讲到了拂晓时分。故事的主题是什么呢?有爱尔兰人,有公墓,有安眠药,也有农场主。我们带他回研究所的时候,天已经亮了。几年以后在维也纳,我给了他一本刚出版的自传中的一册。他一页一页地翻着,仔细地看着书上印着的一行行文字,看起来似乎很满意。他说了句"纸张不错",就再也没说话了,然后我们开始谈其他的事情。我应该补充的是,我们从没谈过书,尤其是他的书。那是我最后一次见到他。

他于 1989 年 7 月去世。他去世之后不久,出版人雷西丹兹给我送来了一本伯恩哈德的《在高处》[①],可惜作家没能活着看到成书。它让我有一种似曾相识的感觉——书的封面是这样的:苍白的背景上画着光秃秃的树枝,还有寥寥几处精致的色块。这不是斯皮里亚埃尔的作品,但也有可能是。封面不是用反光铜版纸,而是用哑光特种纸制作的(一般雷西丹兹的书籍封面都是用反光铜版纸制作,而我们出版社的书都用哑光特种纸做封面)。

[①] 原文为德语 In der Höhe。——译者注

书的页面布局和阿德尔菲出版社"当代小说"①系列如出一辙,而伯恩哈德自传的第一册就收到了这个系列里。我打电话给雷西丹兹,问他们为什么要做这样的改变——因为这使这本书和他们出的其他书风格不一样。他们告诉我,这个意愿是伯恩哈德本人曾经明确表示过的。实际上,他已经认定了这种状态就是书籍应该呈现的样子。我想,他是用这种方式跟我们说了再见吧。

我们积累了很多年的经验,在犯错与改正中不断学习;而在为"传世之藏"系列丛书寻找合适意象的时候,我们也一点一点发展出各种各样的评价标准。首先原则上,我们要避免特别老的大师、辨识度太高的画家或者使用范围太广的意象,因为某些带给人惊喜的元素——不管是意象本身还是其在上下文中被赋予的含义——是基本的要求(不过和其他事情一样,事情总有例外,比如丢勒②为玛丽娜·茨韦塔耶娃③画的紫罗兰);然后我们要找出某些作家,不管他们生活在什么时代——出于某种不易辨识的原因,天生就适合为书籍创作封面,不过他们自己也许不会同意这一点(比如威廉·布莱克④);我们也要好好利用那些冷门伟大

---

① 原文为意大利语 Narrativa Contemporanea。——译者注
② 阿尔布雷希特·丢勒(Albrecht Dürer, 1471—1528),德国中世纪末期、文艺复兴时期著名油画家、版画家、雕塑家及艺术理论家。——译者注
③ 玛丽娜·茨韦塔耶娃(Marina Tsvetaeva, 1892—1941),俄国诗人、作家。——译者注
④ 威廉·布莱克(William Blake, 1757—1827),英国诗人、画家,浪漫主义文学代表人物之一。——译者注

艺术家和他们的作品,他们之中有人被严重低估(比如斯皮里亚埃尔),有人没有被充分了解(比如费利克斯·瓦洛东[①]),还有人没有受到广泛的认同(比如威廉·哈默修伊[②])。最后,我们要把相互之间有"血缘关系"的风格归为一类,这样哪怕是在最千变万化的情况下也能有所助益:乔治·图克[③]配米兰·昆德拉、威廉·伯勒斯[④]、赖纳·孔策[⑤]、弗拉基米尔·纳博科夫、奥利弗·萨克斯[⑥]以及莱奥纳尔多·夏夏[⑦],亚历克斯·科尔维尔[⑧]配阿尔瓦罗·穆蒂斯[⑨]、乔治·西默农、克里斯蒂娜·斯特德[⑩]以及罗伯特·

---

① 费利克斯·瓦洛东(Félix Vallotton,1865—1925),瑞士-法国籍纳比派画家和版画家,现代木刻艺术发展历程中的重要人物。——译者注
② 威廉·哈默修伊(Vilhelm Hammershøi,1864—1916),丹麦画家。——译者注
③ 乔治·图克(George Tooker,1920—2011),美国画家。——译者注
④ 威廉·伯勒斯(William Burroughs,1914—1997),美国小说家、散文家、社会评论家。"垮掉的一代"的代表作家。——译者注
⑤ 赖纳·孔策(Reiner Kunze,1933—),德国作家,前东德"持不同政见人士"。——译者注
⑥ 奥利弗·萨克斯(Oliver Sacks,1933—2015),英国著名医生、生物学家、脑神经学家、作家及化学家。——译者注
⑦ 莱奥纳尔多·夏夏(Leonardo Sciascia,1921—1989),意大利作家、政治家。——译者注
⑧ 亚历克斯·科尔维尔(Alex Colville,1920—2013),加拿大画家。——译者注
⑨ 阿尔瓦罗·穆蒂斯(Álvaro Mutis,1923—2013),哥伦比亚诗人、小说家、散文家。——译者注
⑩ 克里斯蒂娜·斯特德(Christina Stead,1902—1983),澳大利亚小说家,以短篇小说著称。——译者注

M·波西格[1]、理查德·厄尔策[2]配戈特弗里德·贝恩[3]、萨克斯、伯勒斯、瓦尔拉姆·萨拉莫夫[4]以及C. S. 路易斯[5]、梅雷迪思·弗兰普顿[6]配纳博科夫、缪里尔·斯帕克[7]、艾维·康普顿-伯内特[8]以及亨利·格林[9]等。

一旦理解了这些策略,把五十年里出现在"传世之藏"系列丛书封面上的几百个意象并排摆在一处——就好像在一张巨大的桌子上一样(特别是如果我们把阿德尔菲出版社"小说"和"阿德尔菲经典"两个系列相似的封面加上的话,更是如此),就不难看到一条连续的线。这条线与经典的艺术史相互交叠,或者与之形成一种有趣的对比。但是,这些东西不应该被强调出来,顺

---

[1] 罗伯特·M·波西格(Robert Maynard Pirsig, 1928—   ),美国作家与哲学家。——译者注

[2] 理查德·厄尔策(Richard Oelze, 1900—1980),德国画家。——译者注

[3] 戈特弗里德·贝恩(Gottfried Benn, 1886—1956),德国表现主义诗人。——译者注

[4] 瓦尔拉姆·萨拉莫夫(Varlam Shalamov, 1907—1982),俄国作家、记者、诗人。——译者注

[5] C. S. 路易斯(Clive Staples Lewis, 缩写为 C. S. Lewis, 1898—1963),英国知名作家及护教家。——译者注

[6] 梅雷迪思·弗兰普顿(Meredith Frampton, 1894—1984),英国画家。——译者注

[7] 缪里尔·斯帕克(Muriel Spark, 1918—2006),英国小说家、诗人、散文作家。——译者注

[8] 艾维·康普顿-伯内特(Ivy Compton-Burnett, 1884—1969),英国小说家。——译者注

[9] 亨利·格林(Henry Green),是英国小说家亨利·文森特·约克(Henry Vincent Yorke, 1905—1973)的笔名。——译者注

便提一下就行了。这些需要读者自己去发现,在精神上追溯作家和画家们的道路,并慢慢找出形成这种特定组合的原因。

在被开发为"大维也纳"之前,维也纳是完全不同的一个地方:在1968年那个闷热的夏天,商店的橱窗里高高地堆满了极丑的东西(它们的价格也极高),就像一个正在从战争中恢复的外省城市。克里木特①和席勒的作品还依然摆在古玩店的密室里。唯一谈论卡尔·克劳斯②的人就是那些穿着考究、举止文雅的绅士,只有他们还记得在这个城市叱咤风云的岁月。他们之中的一位告诉我,他是如何把整套《火炬》③卖给一名美国官员,换了数量相当可观的香烟。但是,克劳斯的书已经无处可寻。现在一个名叫克泽尔的出版人正在一点一点地重印这些书。克泽尔的专长是神学——就是那些已经在各色新书之中难觅踪影的神圣经典。在研究克劳斯作品的时候,我有了翻译他作品的想法,而渐渐明确的是,他的维也纳确实是他曾经描述的在希尔科克的那个"宇宙一般的地方"——那是一个令人惊异的星系,年轻的霍夫曼斯塔尔打着洛里斯的幌子,就从这里脱颖而出。他那时候才十八岁,刚好成年。当弗洛伊德和他的家人因玛丽·波拿巴的

---

① 古斯塔夫·克里木特(Gustav Klimt, 1862—1918),奥地利象征主义画家。——译者注
② 卡尔·克劳斯(Karl Kraus, 1874—1936),二十世纪早期奥地利记者、讽刺作家、诗人、剧作家、格言作家、语言与文化评论家。——译者注
③ 原文为德语 Die Fackel,指上文提到的卡尔·克劳斯创办的杂志。——译者注

帮助顺利登上开往伦敦的火车（很有可能是最后一趟车）时，克劳斯十有八九被拥挤的人潮吞没了。在这两个时刻中间，大量的问题和形式沿着那些从未受时间影响的街道传递开来。因为某种坚定的、从未触及其他地方的激进主义，它们变得比以前更显而易见。勋伯格和维特根斯坦，穆齐尔和哥德尔，克劳斯和霍夫曼斯塔尔，弗洛伊德和罗特，施尼茨勒和路斯：他们一个接着一个地跑到格拉本大街①上，或擦身而过，或无视甚至厌恶彼此。但是，把他们几个人维系在一起的是更加强大的东西——直到现在才开始显现出来。用最基本的套话来说，除了维也纳之外，语言的终极问题没有在另一个地方如此透彻地提出来过（对克劳斯来说，语言可能是日常生活和报纸；对哥德尔来说，语言是形式系统；对勋伯格来说，语言是音调系统；对弗洛伊德来说，语言则是梦境的密语）。

随着"传世之藏"系列丛书一本一本地推出，越来越多的读者发现这套书没有限定文学体裁，而且在形式上还有一定联系——我们就开始转运了。这种现象是从对约瑟夫·罗特②有反响之后开始的。1974年我们印了三千本《皇帝的陵墓》，当时罗特这个名字还不太为人所知。这本书很快就重印了——虽然还是按照预订印刷为数不多的几千本，但是很快就超过了那个临界值。《皇

---

① 格拉本大街（德语：Der Graben），奥地利首都维也纳内城区的著名街道，是一条繁荣的购物街。——译者注
② 约瑟夫·罗特（Joseph Roth, 1894—1939），奥地利作家、政治记者。——译者注

帝的陵墓》推出两年后,《无垠飞行》在广大读者中间迅速引起了热议。令我们吃惊的是,我们意识到,虽然有时候"文学"这个词听起来不太光彩,极左派的年轻人还是能够偷偷摸摸地接受小说。我记得,极端政党"不懈斗争党"①的一些成员说,小说是唯一一种他们能够理解的故事——或者,在那个混乱的年代里,小说至少是唯一一种他们愿意理解的故事。如果他们追随罗特更远一点就好了。又过了两年,来到 1978 年,罗特的另一部作品《沉默的预言家》我们一开始就印了三万本,因为太多书店都要这本书——这还不是罗特最好的作品,不过也是很快就销售一空。书的封面上是一张席勒的肖像——这似乎还是很有用,几乎不用过多考虑(很难想象席勒或者霍珀曾经也不为人所知,照片也不能到处看到)。这次我们大获成功,约瑟夫·罗特也在意大利真正流行起来——这不仅仅是因为我们发现了罗特精妙绝伦的讲故事水平,也是因为他周围那些维也纳作家一直在"传世之藏"系列中出现。那些言行谨慎而又难以捉摸的作家(如彼得·阿尔滕贝格②和阿尔弗雷德·波尔加尔③)的时代也来临了。像亚历山大·莱尔内特-霍伦尼亚④这样出色的情节布局大师也要迎来自己的时代了——而他本

---

① 原文为意大利语 Lotta Continua。——译者注
② 彼得·阿尔滕贝格(Peter Altenberg, 1859—1919),奥地利作家。——译者注
③ 阿尔弗雷德·波尔加尔(Alfred Polgar, 1873—1955),在奥地利出生的犹太裔记者、戏剧评论家。——译者注
④ 亚历山大·莱尔内特-霍伦尼亚(Alexander Lernet-Holenia, 1897—1976),奥地利诗人、小说家、剧作家、历史学者。——译者注

人的文化根源仍然在负隅顽抗。

有一点是值得记住的，而读者们几乎不会忽视这一点——那就是编辑们伟大的努力天性——如果说约瑟夫·罗特的散文和措辞就是这样悄无声息地进入了意大利语言的血脉之中，那么怎么感谢也不为过的人，除了他的译者们，就是他唯一的编辑——卢恰诺·福阿。从1974年的《皇帝的陵墓》到1994年的《百日歌谣》，福阿每年都特地留出几周时间做罗特作品的编辑。对他来说，这似乎是一种再自然不过的任务。他这样努力工作换来了精准的细节和巧妙神韵，那种神韵保护了作品的完整性——如果没有它，读者们就不能很好地理解罗特这个人的特点。福阿很少如此坦诚地称赞某个作家，能够得此"殊荣"的有司汤达和卡夫卡，而他称赞罗特为"二十世纪最贴近司汤达的作家"。

阿德尔菲出版社与中欧[①]的不解之缘始于二十世纪七八十年代，这种缘分通过"传世之藏"系列中的很多本书建立起来。开始是霍夫曼斯塔尔的《安德莉亚》，紧接着就是卡尔·克劳斯、阿道夫·路斯、厄登·冯·霍瓦特[②]、约瑟夫·罗特、阿图尔·施尼茨勒、埃利亚斯·卡内蒂[③]以及路德维希·维特根斯坦等。我注意

[①] 原文为德语 Mitteleuropa。——译者注
[②] 厄登·冯·霍瓦特（Ödön von Horváth, 1901—1938），用德语写作的奥匈帝国剧作家、小说家。——译者注
[③] 埃利亚斯·卡内蒂（Elias Canetti, 1905—1994），保加利亚出生的犹太小说家、评论家、社会学家和剧作家，1981年诺贝尔文学奖得主，以德语写作。——译者注

到，阿尔滕贝格、波尔加尔和莱尔内特-霍伦尼亚的作品在1980年还没有出版。

但是记忆往往会开很奇怪的玩笑，会将较晚发生事情的图景叠加到一起，却忽视那些当时无比鲜活的细节。后来我找到了几张纸片，上面有我草草写下的表达感谢的话，聊以慰藉——当时是1981年9月，宽容而友好的奥地利政府给我颁发了文学与艺术①十字荣誉勋章②，而"十字荣誉勋章"这个德语词很容易就让人想起克劳斯最令人心旷神怡的散文——那篇文章为一位敢于在胸前别上胸针作为装饰的妓女做辩护，后来那枚胸针被送给她的一个客人。我在这里记录下全心全意表示感谢的话语，因为它们体现了这些活动在当时看起来是什么样的：

> 和近一百年来所有意大利孩子一样，我第一次遇见奥地利的时候也是一个孩子。我的小学课本里记载着拉德茨基元帅③，还把他描述为"野兽"。所以，"野兽"拉德茨基就是我认识的第一个奥地利人了。然后，我们学习并背诵了朱塞佩·朱斯蒂的诗歌《圣安布罗焦》——在这首诗歌里，我们遇见了很多无名的奥地利人：留着油亮小胡子的士兵，以及"在这个国度，在这里，希望他们受伤"的穷人们。

---

① 原文为拉丁语 litteris et artibus。——译者注
② 原文为德语 Ehrenkreuz。——译者注
③ 指的是约翰·约瑟夫·文策尔·安东·弗朗茨·卡尔，拉德茨基·冯·拉德茨伯爵（Johann Josef Wenzel Anton Franz Karl, Graf Radetzky von Radetz, 1766—1858），波希米亚贵族和奥地利军事将领，被视作民族英雄。——译者注

我很幸运,总是把在历史书里读到的东西当成是不真实的,所以我便抹去了脑中关于奥地利的清晰图景。直到1957年的一天——那年我十六岁,在罗马欧伯利书店看到了罗伯特·穆齐尔《没有个性的人》的第一册,是由埃诺迪出版的。我没听过这个作家,但是这本书的封面却很好看,是维亚尔①画的。很快,这本书就吸引了我:我为作者刻画的利昂娜——也就是乌尔里希那轻浮又贪吃的情人——深深地折服了。这个人一到餐厅就会点"梅尔维尔苹果"②来吃。不久之后,我就又被以描写卡卡尼亚③作为开头的那一章所折服:"这个被误解的国度自此消失,在很多事情上它是一个典范,尽管并不被认可。"在这个国度里,"莫斯布尔格"这个名字如同轻歌剧一样美好,但是其本质是一个罪犯。最终,我邂逅了奥地利——它不仅是一个历史实体,更是一处心灵之地。这个各民族融合并有差异的国家对我来说越来越熟悉:它既是卡夫卡和勋伯格的故土,也是路斯和库宾、阿尔滕贝格和席勒、维特根斯坦和弗洛伊德、波尔加尔和施尼茨勒的祖国。

对我来说,这也是个有很多人生活的地方,其中有两个人对我的生活来说意义重大:一个是罗伯托·巴兹伦,另一

---

① 指让-爱德华·维亚尔(Jean-Édouard Vuillard,1868—1940),法国画家,纳比派成员。其作品多为肖像画、室内画和装饰性壁屏。——译者注
② 原文为法语 pommes à la Melville。——译者注
③ 原文 Kakania,源于 k.k.,是德语 kaiserlich und königlich 的缩写,指历史上广义的哈布斯堡王朝。——编者注

个是英格博格·巴赫曼。通过他们以及那些过世的作家朋友们，我很自然地就被带到了这些地方，见证了这些场合、这些事件以及这些脆弱的文化结晶。所以，当阿德尔菲出版社开始出版书籍时，这些书就永远接受着巴兹伦的恩惠。我们根本没有想过"填补空白"或者"开发新系列"等就转向了那些我提过的作家。正如其名，阿德尔菲①是一家建立在"亲密关系"基础之上的出版社——既有人与人的关系，也有书与书之间的关系。正是因为这种关系，我们才致力于出版那些我描述过的奥地利著作。

不管是我们1965年出版的库宾作品，还是1972年出版的克劳斯作品，一开始反响都很慢，很迟疑。有一位出版界的杰出人物（我说的是埃里希·林德，他是当时世界最重要也最有文化的作家经纪人）当时预测，克劳斯的书只能卖出去二十本；现在这本书已经印到第四版了。但是，要说引领对奥地利伟大作家崇拜的风潮，最明显的例子还是约瑟夫·罗特——可以说，提起罗特这个姓氏时，意大利是唯一一个人们会立刻想起奥地利人约瑟夫而不是美国人菲利普的国家。但是在这里，我不想回顾这些年卡卡尼亚式的作家所拥有的运气，尤其是那些作品已经被阿德尔菲出版了的作家。阿尔贝托·阿尔巴西诺曾经发表过一篇文章，说"阿德尔菲"应该改名叫"拉德茨基"。那天我有种兜兜转转回到

---

① Adelphi 是一个希腊语单词，意思是"兄弟姐妹"。——编者注

原点的印象:"野兽"拉德茨基变成了我们的图腾祖先。他那穿着光鲜制服的军队,如今已然四散流离,成了看不见的传说;而唯一幸存的军官并不知道这一切,他可能是弗雷德·阿斯泰尔[1](真名为弗雷德里克·奥斯特利茨)——一名奥地利军官的儿子。今天我接受的这枚十字荣誉勋章,对我来说,某种意义上是来自那支看不见的军队的祝福。

某几本书似乎是特意为"传世之藏"系列而创作的一样。有一天,安杰莉卡·萨维尼奥给我们送来了一份她父亲阿尔贝托(他是乔治·德·基里科[2]的兄弟)未出版的作品手稿——《新百科全书》[3]。因为对所有的百科全书都不满意,阿尔贝托·萨维尼奥就自己动手编纂了一本。第一个词条是"灯罩"[4]。这就足够说服我了。这部书里妙语连珠,奇思妙想不计其数;行文的基调时而亲切,时而高冷而嘲讽。萨维尼奥致力于把百科全书毫无特色又随大流的形式改造成展现特性的最佳方式。很难想象,有什么书比这部百科全书更符合"独一无二的作品"这个定义。当时,我们出版过唯一一本萨维尼奥的书就是《莫泊桑的另一面》[5],这

---

[1] 弗雷德·阿斯泰尔(Fred Astaire,1899—1987),本名弗雷德里克·奥斯特利茨(Frederick Austerlitz),美国电影演员、舞者、舞台剧演员、编舞家与歌手。——译者注

[2] 乔治·德·基里科(Giorgio de Chirico,1888—1978),意大利超现实画派大师,形而上画派(scuola metafisica)艺术运动的始创人。——译者注

[3] 原文为意大利语 Nuova enciclopedia。——译者注

[4] 原文为法语 abat-jour。——译者注

[5] 原文为意大利语 Maupassant e l'Altro。——译者注

是一本难以定义的书,充分体现了作者的天赋——而德贝内代蒂已经尝试将其出版在"西莱齐耶"①系列中。除此之外,萨维尼奥的书不是很广为人知,他的名字也被巨大的沉默光环笼罩着,从未出现在文学年鉴里。他认识每一个出版人,因为他一直孜孜不倦地为主流报纸和杂志写文章,但是,一种古老而致命的秘法似乎对他起了作用。一个不可名状的声音一直在说:"萨维尼奥?他太聪明了。"他似乎缺少那种健康的愚钝,而有些人会把这种愚钝当作一个"真正的艺术家"的特质。很明显,还有其他拒绝他的原因。首先就是他一直保持不与周围的文学界接触,他处理问题的方式很难以预料——从"灯罩"到"蚊香"②(《新百科全书》里倒数第二个词条)。但正是这些小缺陷,使他对我们来说如此亲切。所以,萨维尼奥的书就火力全开地进入到了"传世之藏"系列丛书中——这可能是读起来最适合系列中其他书籍风格的百科全书了。

借着约瑟夫·罗特,我们明白无误地为我们整个进程做了决定性的修正。巴兹伦所主张的"独一无二的作品",以其最激进的形式走向了反面——变成了作品全集。比起作品所有的细枝末节,巴兹伦对一时一刻或者个人的表达更感兴趣。这是一个大胆的想法,其影响非常深远——但在当时还不太成熟。但是,我们

---

① 原文为意大利语 Silerchie。——编者注
② 原文为意大利语 zampirone。——译者注

应该如何对待罗特的作品呢？《皇帝的陵墓》是他最伟大的小说之一，但是想真正理解它，就要把它和罗特所有别的作品放在一起，相比之下，其中一些并不逊色。很少有作家的叙事性作品像罗特这样，相互之间是有关联的。所以，我们就在1974年到1994年间把罗特的所有作品都出版了（他一直在写他那文笔华丽的报刊文章）。其实从那以后，只要版权允许，我们也出版了其他作家的全部作品——不仅有布里克森、博尔赫斯、纳博科夫，甚至还有毛姆，最后是西默农一长串甚是可观的作品。

《纽约时代杂志》刊登凯文·凯利[①]号称是"宣言书"的长文章《扫描[②]这本书！》的时候，我正在写关于书籍封面的评论文章。那篇文章的标题很快就引出了一个问题："书籍发生了什么事情？"在文章署名那行，凯利自称是《连线》杂志的'资深独行侠'"——按照这个定义的话，还挺权威的。

起初我还以为这只不过是又一篇鼓吹"世界末日论"的文章——这种文章在种类繁多又迅速过时的电子设备面世的时候就出现了，在今天读来颇为滑稽。但是，这里还有更不容易被察觉的东西，你可能已经在主标题上方照片的说明里见过了："如果没有封面，你就没法从封面来评价一本书。"重点不是书本身，

[①] 凯文·凯利（Kevin Kelly, 1952—　　），《连线》（Wired）杂志第一任主编；曾担任《全球评论》（Whole Earth Review）主编、出版人。——译者注
[②] 原文为英语Scan，既有"扫描"也有"略读"之意。——译者注

而是我正在谈及的奇怪对象——书籍封面。文章开头和恐怖小说没有什么两样:"在世界上几十个平庸的办公楼里,几千个小时工伏在桌面式扫描仪前面,将大批大批落满灰尘的书籍搬进他们进行扫描作业的小隔间里。他们正在一页一页地组装世界性图书馆。"这几句话颇有一股放逐和杀戮的味道。我们马上就能意识到正在发生很严重的事情——虽然我们不知道是应该赞美还是害怕。读到第二句话,作者的立场便越发鲜明起来:"他们的梦想很古老:那就是把过去和现在的所有知识都集中在一个地方。"从何时开始,这个古老的梦想变为现实了呢?自然是从2004年12月,谷歌宣布将扫描五大研究型图书馆(当然,站在最前线的就是斯坦福大学图书馆)的藏书开始。按照套路,文章接下来举了一些数字。作者说:"从苏美尔石板记载的时代至今,人类一共'出版'了至少三千二百万本书。"这些将作为"世界性图书馆"的基础。然后,作者马上就开始连珠炮似的发难:"为什么在这里停下来了呢?世界性图书馆应该囊括从古至今所有的绘画、照片、电影,以及所有艺术家创作的音乐作品。如果可以的话,甚至还应该包括所有的广播和电视节目。所有的广告也要加进来。我们怎么能忘了网络呢?大图书馆自然需要数十亿死链网页以及数百万被删除的博客文章的副本——就是我们这个时代转瞬即逝的文学。"最后这几句花哨的话,显然不足以扫清前文给我们灌输的恐惧与呆滞感。文章所描述的可能是迫害的最高形态:生命被毫无损失的生活团团围住,一切东西都注定要存在似的，而且必须随时随地可用——这样的生活真是令人窒息。在这种语境下，书籍似乎是一个偏远省份，或者是属于轻歌剧的领域。三千二百万本书在几十亿呈指数增长的死链网页面前算得了什么呢？那些才是真正包围我们的不死之灵。我在读这篇文章的时候，心想：有人想得比这远一些吗？还真有。这个人就是乔·古尔德。他是一位耀眼的纽约怪才，一生都被约瑟夫·米切尔牢牢绑住。古尔德声称要记录下他生活的这个时代的"口述历史"——那是未知的历史，是一间小酒吧（所有的酒吧）、一节地铁车厢（所有的地铁车厢）或者其他地方所有谈话内容的每一个字。与乔·古尔德的计划相比，谷歌扫描书的行为都变得不值一提。满腔热血的凯文·凯利也展示了初学者尴尬的一面，但正因为他话语之间致命的直率，他的议论文才有价值。比如说，技术想要什么？答案是："技术加速了我们所知的所有迁移，将其转化为数字比特的普遍形式。"强大的民族迁徙正在拆解整个世界，而这也只不过是更强大、更无孔不入的迁移的缩影罢了——它们都指向同一个目标："普遍形式"。所有这些一点都不夸张，而且都是准确的。其实，世界几百年乃至几千年来一直都在将自身数字化，但它一言不发，亦不自知，更不会出言解释正在发生什么。数字化不过就是这种过程：说的是甲，指的却是乙。然后一个词就产生了。它随着1958年约翰·冯·诺依曼的《计算机与人脑》而呱呱坠地。在那之后的短短几年时间里，世界就正式进入了数字化的进程。最终，我们看到了谷歌的计划，在其中，它作为"普遍数字化"的途径被提了出来。如果这是重点的话,其他所有改革对它来说都不重要了,就好像那只是无关紧要的技术应用。

但是,一切事情都能够畅通无阻地进行吗?并不是。没有什么是一帆风顺的。凯利懊悔不已地解释说:是的,这是真的,"因为版权问题和对翻动书页的真切需要",书籍的数字化工作进行得相当慢。这简直就是我们用来分清敌我的最好指标:首先,版权是法律规定;其次,书籍本身就是具有某些需要特定动作的自然属性,比如翻动书页。但是,书籍的某些形式确实老旧得令人厌恶:那就是封面。对于一本书来说,封面像人的皮肤那样重要。对于想要在"世界性图书馆"进行狂欢[①]的人来说,封面就是他们最大的阻碍——那是一场永无尽头、永不停息的狂欢,在这里,所有的身体都没有皮肤(所有的书籍都被撕去了封面)。如果我们想要消解任何一种情欲,这可能是最有效的想象。其实,如果我们想要让情欲变得令人讨厌,这种想象也是非常有效的。幸运的是,凯利接着说道:瑞士人发明了一种机器人,这种机器人能够"在扫描每一本书的时候自动翻动书页,每小时能扫描一千页书",所以这场狂欢从此以后能更为快速地进行。

和所有"美国梦"一样,普遍数字化本来的出发点是善意的,是在为广大遥远而贫穷的外国人谋福利——对他们来说,当

---

① 原文为法语 partouze。——译者注

时最重要的就是想尽办法降低数字化本身的成本（凯利还是一如既往的谨慎，他告诉我们，现在在中国扫描一本书要花费十美元，在斯坦福则要花费三十美元），但他们有朝一日会拥有通往一切的路径（这就是那个富有魔力的词）。在这里，凯利的语气听起来很抒情，虽然有些冒险。谁将会是受惠者呢？"马里的学生，哈萨克斯坦的科研人员，以及秘鲁的老年人。"从这个例子来看，普遍数字化似乎不会对有关民族特色的预设观点产生太大的影响：凯利很可能不会说"秘鲁的科学家"或者"马里的老年人"，但这不是重点。在这种诱惑之下，提出任何异议都会显得荒诞不经——在世界上很多地方，书籍都是稀罕玩意，那些连看到一本书都困难的人，突然间动动手指就能获得大量的文字和图片内容，这当然是好事了！

我想说的重点是，普遍数字化暗藏了某种对"获取知识的途径"的敌意。最终，这种敌意指向了知识的载体——书籍。因此，这已经不是书籍存活与否的问题了。书籍早已面对许多艰难，并挺了过来。不过，毕竟没有人想要火上浇油，最不济也要试着把书籍视为濒危物种，并为此设立一个大型自然公园。

可是现在的情况正好相反：所有与书籍的用途密切相关的知识，正在被细致而严密地清除。更准确地说，被清除的是某种通向"未知"的途径。在"未知"之地，所有东西都变得更加晦涩难懂，风险也就更大。但是为什么书籍应该拥有这些力量呢？为什么数字化的敏感神经会认为书籍这种物品如此惹人不快，甚至到近乎冒犯人的地步呢？我们需要再做一次的就是跟随凯利寻找答案。首先，书籍拥有非常令人厌恶的缺点——"书籍是与世隔绝的东西，彼此之间是相互孤立的，对于你那里的公共图书馆书架上的那些书来说，更是如此。"（更准确地说，是对于从古至今任何一家图书馆来说都是如此，不管是私人的还是公共的。）在这一点上，凯利坚称"每一本书都不怎么会觉察到放在它旁边的那些书"。这种"不觉察"本身就是一种反民主的态度，是一种不愿与别人或者他人①（如果我们在法国的话）分享的行为。

自谷登堡发明印刷机以来，书籍从未意识到自己背负了如此多的偏见，并且还有一个因素加重了偏见：那就是作家。"作家写完一本书之后，他的工作就完成了，这本书的内容就固定了。"就等于说是"死了"一样。事实上，"只有当一名读者翻开书的时候，才会用自己的想象力赋予它生命力，让它动起来"。作家本质上就是"尸体"的制造者——在某些情况下，要有作为外部催化剂的读者加入进来，他们的电解实验才能进行下去。我们很快发现，读者才是这个数字化新故事里真正的英雄。不知疲倦地进行参与、纠错、联系以及标记这些看不见的浩瀚工作的，不仅仅是某些读者，而是一般意义上的所有读者。在这里，"联系"和"标记"是两个非常重要的词。凯利不喜欢让反讽或者疑问乘虚而入。据他所说，这两个词"可能是近五十年来最重要的

---

① 原文为法语 envers l'Autre。——译者注

两个发明"。并且,作为即将到来的群体,读者也是阻止书籍加入"成为孤岛"这种有害趋势的人。在这里,凯利的口气犹如约翰·邓恩①那般深沉严肃:"在世界性图书馆里,没有一本书会是一座孤岛。"

所以说,书籍是孤立、清高又自满的,它们的存在就是敌人。书籍生来就是不合群的东西,所以必须要对它们进行数字化再教育。但是凯利警告称,扫描仅仅是第一步——有点像一个人入狱的步骤:要先刮胡子再换上囚服。"真正的魔力将在第二步展现——到那个时候,每一本书上的每一个字都交叉连接,它们成群结队,它们相互引用,它们相互节选,它们被编成了目录,它们被分析、被注释,它们被打乱重新排列组合……它们被编织成文化,比从前任何时候都要深刻。"听起来像是一本奴役手册。读者——或者说是匿名的编程者——是永不满足的虐待狂,想要让书籍为所有它已经犯下却不自知的罪过加以补偿。但是,书籍已经对这种痛苦的折磨习以为常,有时甚至带着一种乖张的愉悦——比如说,那些被强加的索引和目录。毕竟,受虐倾向是人类不可剥夺的基本情感。然而,更令人担忧的是凯利口中的最后一步:保证"每一本书上的每一个字"都要"被编织成文化,比从前任何时候都要深刻"。编织成哪种文化呢?众所周知,因为被赋予了太多含义,"文化"这个词已经没有什么意义了。一本书凭什么应该不顾自身被解读的方式,

---

① 约翰·邓恩(John Donne,1572—1631),英国玄学派诗人。

就要"被深刻地编织成"文化？要是这本书想从万事万物之中解脱出来又如何呢？凯利的措辞让人有一种窒息的感觉。不具有任何意义的中立白纸再也不能保护我们，因为上面印了文字，成了一本书。文字入侵了所有空白之地，就像捕蝇纸上死死黏住的苍蝇一样恶心。

更有甚者，这整个过程都在规避与"未知"相连的某种路径。对有些正在阅读一页书的人来说，除了文字就是书页上的空白——这种空白是缄默无声的，同时也唤起了这本书周围挥之不去的缄默世界。但是在屏幕前面，一切都变了：在这里，一个页面可以无限地被另一个页面替代、修改或者延展，不一而足。一个人会忍不住忽略背景的空白，似乎这个世界就只是由取代了各种标志的文字（或者图片）所组成的。结果，"未知"的作用就被大幅度缩减——这足以改变知识本身的特点。谈到这一点，就连特立独行的凯利也觉得自己必须在他真正想要揭示的主要内容之前停顿一下。文本——任何文本——都是托词。真正重要的，是链接，是联系。没有任何东西比数字更有这样的说服力："有一千亿个网页，平均每个网页有十个链接。这样在网络世界里就有上万亿个电子化的联系流窜而过。"在这一点上，我感到了一阵剧痛：这些凯利提到的"联系"该如何翻译成梵语呢？它们可能就是古印度吠陀仙人说过的"系缚"[①]。他们说，世界和对这个世界的想法——一个和另一个——就是通过这种"系缚"联结起

---

① 原文为梵语 bandhu。——译者注

来的。其中最神秘的，就是联结"有形"和"无形"、"有"①和"非有"②的"系缚"。我感到一阵惊异，就好像陷入了幻觉之中。我写下的所有文字，都隐含着我们今天正在经历的信念——这种信念随着我们日复一日的前行变得越来越深刻——那就是"颠覆起源"。吠陀对"系缚"的观点是我们能够追根溯源的最为接近的词语，因为它在文本（这个例子在《梨俱吠陀》）中留下了自己的痕迹。现在我们又在某些人笼统的拙劣模仿中看到了它，这些人根本无视吠陀仙人们的存在，同时又言之凿凿地报道一些就在我们身边无可争辩的东西。但是，这种拙劣的模仿当然也包含了对意义的颠覆。

以网络世界里上万亿个电子化联系的观点来看，凯利一定觉得他离"事物的底层"越来越近。他以一种邪恶之友的腔调说："只要文本被数字化，书籍就挣脱了束缚，彼此之间编织到一起。图书馆的集体智慧可以让我们看到在一本孤立的书中看不到的东西。"在实际操作中这要怎么实现呢？不要急，凯利又来帮助我们了："书籍被数字化之后，阅读变成了一种社会活动。读者朋友们之间可以互相分享书签、批注以及书目。如果你的朋友卡尔给你喜欢的一本书写了批注，你就会收到通知。只要一小会儿，你就可以点开他的链接。世界性图书馆以一种新奇的方式成为一篇内容量非常巨大的文本：那就是世界上唯一的一本书。"他的

---

① 原文为梵语 sat。——译者注
② 原文为梵语 asat。——译者注

口气越和蔼,他所描述的前景就显得越瘆人。发生什么事了?他说的"阅读变成了一种社会活动",指的是什么?指的是我们用来阅读的大脑——我们每个人大脑中隐秘的、高深莫测的、独立的、有辨别能力的静默思想就会被社会替换掉:那是一个无孔不入的、包含了所有大脑的终极巨型大脑,不管它们是什么,都通过网络运作和发声。这是一种高度集中的嘈杂声音,它创造了一种持续不断的新背景噪音;不幸的是,这其中还裹挟着种种意义。

这种正在发生的重大颠覆是:某事物(不管它是什么)被人们所存在和发声的社会替换掉,这些人按下按钮,把他们在这里说的一切数字化。《世界全书》被替换成"世界上唯一的一本书",只有在网上才能看到。至于这个世界,在难以驾驭的外来无关之物中显得太多余,所以被无声地删掉。其中最令人担忧的一点是,在这种拙劣模仿的最后一场戏中,凯利装出一种"为你好"的口气,描绘出一群大学旧友互相交换笔记、照片并互相帮助的其乐融融的图景。

围绕着谷歌电子书计划的法律纷争始于2005年秋天。当时美国作家协会和五家美国出版社集体起诉谷歌,现在已初步形成判决,将来很可能会持续超过一代人的时间。由此引发的法律问题非常有趣,但是在所有后果之中需要考虑的就只有一个——因普遍数字化进程而引起的心理上的剧烈震荡。比起之前心理范围内的种种震荡，这种震荡拥有完全不同的特点。首先，"模拟"和"数字化"与之前出现的种种新生事物都不一样，它们不属于任何一种历史或者文化的范畴。从根本上说，它们属于生理范畴，每时每刻都与人类大脑的功能有关。当我写下并读出这些句子的时候，"模拟"和"数字化"操作就已经在精神层面同步运行了，其他人也是一样。这是这场无休无止的纷争中的两个极端，不停地在寻求一种均势，一种平衡，或者一种顺从彼此、避免接触的方法。这场纷争已经转化成了网络这个巨大的假体——这个假体模仿人类大脑中错综复杂的联系。这可是人类历史上的第一次，而这个事实创造了一种前所未有的混乱——没有人再对"认识"这件事特别感兴趣。我们就像千足虫一样，根本不知道此时此刻我们头脑的一千条"腿"是如何运动的，因为我们知道自己终将瘫痪。但是，我们总会不可避免地思考那些我们不愿去想的事情。到了那个时候，暂时的瘫痪对我们也许有好处。

现在，是时候回到书籍封面这个话题了。在凯利的文章里，还真有几句话是跟封面直接相关的。有几句话非常显眼，从某种程度上说它们是一张大照片的图片说明，照片是几个书架的俯视图，每一个都塞满了书——"技术告诉我们什么？这些书什么都不是。它们都是一本本孤立的书，被困在死板的封面之间动弹不得。它们很快就会变得一文不值了。"

这话听起来像是对书籍本身下了死刑判决。但是为什么偏偏找封面的茬，说封面是"死板"的呢？一本书的封面能是"死板"的吗？再死板也不过是一页纸罢了。我们知道，一定数量的纸叠加起来会产生非常致命的力量。那么，如此鄙视封面又是为什么呢？因为它们就像每个生物体表面的皮肤一样，把一本本书隔开。它们分隔生物或书籍的方法高度相似，因为皮肤和皮肤上的内容（封面和封面上的内容）就是其中所包含内容最强力的再现。但正是因为这一点，它不能为这个普遍数字化的世界所接受。书籍的封面告诉我们，精神也可以按照类似的方法运行，让数字化在那里一起生根发芽。现在有这样一种趋势：这个世界的所有书都变成一个"液态结构"，由很多互相关联的言语和观点组成——作为众多象征事物的其中一个，封面是对这种趋势固执而绝望的无声抵抗。因为这种趋势就像一种让人想要逃离的天堂，不是所有人都想要在这种"液态结构"里慢慢淹没，最后窒息而死。

但是，凯利的梦想和他身后一大群人的梦想是什么呢？我之所以这么问，是因为"梦想"这个词在美国某些事情上总会不可避免地出现，给人感觉"梦想"是一种很好很不错的东西。

我不得不承认有点发抖，因为凯利的梦想一定会止步于我一直在写的那七个字："独一无二的作品"。最终，普遍数字化会在难以理解的符号（言语、图片或声音）电影里占领地球。世界上也不会再有《世界全书》这样的中世纪秘法书籍，不会再有莱布尼茨和博尔赫斯的著作，但是会有更加大胆的东西出现：无所不包的"自由图书馆"①,它只需要一个数字化的页面就可以开启,像一本单独的书那样,几乎可以收录世间一切。到时候,可能连世界本身都消失了——因为多余。世界的每一个角落都会被信息所替代,而这些信息在多数情况下都是错误的。在这种情况下,最有效也最合适的阴谋就是强迫他或她的追随者在网络上散布错误信息。伟大的进步卫士弗朗西斯·培根曾经说过:"真理是时间的女儿。"②但是,汉斯·布卢门贝格对此有补充——他在皮埃尔·贝尔的文章中也说过类似的话:"谬误是时间的儿子。"③光是废除书籍封面就已经花了我们很长的时间。

在阿德尔菲出版社刚刚诞生的时候,出版业是什么样子的呢?它生机勃勃,却又令人迷惑;它不负责任,却又谦和慈悲。当时,好奇心在业内非常流行。二十世纪五十年代的意大利出版业只意味着一件事:埃诺迪。"埃诺迪"这个名字代表着高标准严要求。但是,现在人们学着进行精挑细选的时候,却显得很不耐烦。他们想要为了自己去发掘。占主流的感受就是:还有很多可以挖掘的地方。"很大一部分精华",我曾经这样说过。有些人就不高兴了。这种多少是从浪漫主义早期开始的"很大一部分精华",已经在意大利失传相当长的时间了。《调解人》④同诺瓦利

---

① 原文为拉丁语 Liber Libri。——译者注
② 原文为拉丁语 veritas filia temporis。——译者注
③ 原文为拉丁语 error filius temporis。——译者注
④ 原文为意大利语 Il Conciliatore。——译者注

斯①和施莱格尔兄弟②出版的《雅典娜神殿》相比，从来都不是一个层面上的东西。在过去一百五十年的时间里，意大利涌现出很多伟大的独行侠——比如莱奥帕尔迪③和曼佐尼④，等等。他们陷入了琐碎而令人窒息的结构中。不必过分多说，只要把十九世纪的普通意大利语和同时期的法语、英语或者德语对比一下就够了。意大利语读起来不仅费劲而且尴尬，夸张的同时还很僵硬。那时候用法语、英语或者德语写的散文基本上和一百年之后的文章没有什么区别。它们都是年龄正好的几种语言。

除了埃诺迪（他在保持自己行为准则的同时，也一直在往新的方向一路狂奔——虽然不是那么明显）之外，还有贾科莫·德贝内代蒂运作的"检验者"⑤，以及费尔特里内利和博林吉耶里。但是加尔赞蒂、隆加内西、里佐利、蒙达多里以及邦皮亚尼——视这些主编的精神气质而定，这些人中的每一位都有可能带来惊喜。

---

① 诺瓦利斯（Novalis，1772—1801），原名格奥尔格·菲利普·弗里德里希·弗雷赫尔·冯·哈登伯格（Georg Philipp Friedrich Freiherr von Hardenberg），德国浪漫主义诗人、作家、哲学家。——译者注
② 指卡尔·威廉·施莱格尔（Karl Wilhelm Schlegel，1772—1829，德国诗人、文学评论家、哲学家、语言学家和印度学家）和其兄奥古斯特·威廉·施莱格尔（August Wilhelm Schlegel，1767—1845，德国诗人、翻译家及批评家，并且是德国浪漫主义最杰出的领导者之一）。——译者注
③ 贾科莫·莱奥帕尔迪（Giacomo Leopardi，1798—1837），意大利诗人、散文家、哲学家、语言学家。——译者注
④ 亚历山德罗·曼佐尼（Alessandro Manzoni，1785—1873），意大利作家。——译者注
⑤ 原文为意大利语 Il Saggiatore。——译者注

以今天的眼光来看，这似乎非常波澜不惊——事实当然不是这样。在屈服于法西斯的大众文化部二十年、屈服于日丹诺夫①同志的社会主义意大利支部十五年之后，这里确实还有整片大陆可供发掘。我们可以读一读《一天》②中关于文化的那一页，比后面出现的任何同类事物都要好。彼得罗·奇塔蒂③和阿尔贝托·阿尔巴西诺在这里慷慨地挥霍了他们的聪明才智和傲慢无礼，有时候也不惮于展露热情。有时候，甚至连卡洛·埃米利奥·加达④写的故事都能像陨石一样，以极小的印刷字体空降到报纸的某一页上。

"那么政治呢？"有些人一定会这么问。阿德尔菲出版社如何适应政治？很简单，只要不去适应政治就行了。没有什么比有关意大利二十世纪五十年代左翼文化霸权（或者独裁以及开明君主制等问题）的争论更啰唆、更令人疲惫不堪。这种问题没有什么好争论的，但是对于总是记不住这些事情的人，或者没有经历过这些事情的后辈来说，抛出这些问题往往是很有用的。如果可能的话，他们应该尽可能快速简洁地抛出这些问题，这样才能避免长篇大论。

---

① 安德烈·亚历山德罗维奇·日丹诺夫（Andrei Alexandrovich Zhdanov，1896—1948），斯大林时期主管意识形态的苏联主要领导人之一。——译者注
② 原文为意大利语 Il Giorno。——译者注
③ 彼得罗·奇塔蒂（Pietro Citati，1930— ），意大利作家、文学评论家。——译者注
④ 卡洛·埃米利奥·加达（Carlo Emilio Gadda，1893—1973），意大利随笔作家、小说家。——译者注

在一处书摊上,我偶然找到了一本《新话题》[①]杂志,这使我回想起了青少年时代。那是 1957 年 3—4 月刊,封面标题是《八问领袖型国家》。作者阵容非常强大,包括了马里奥·阿利卡塔、安东尼奥·班菲、莱利奥·巴索、朱塞佩·基亚兰特、埃内斯托·德·马蒂诺、佛朗哥·福尔蒂尼、罗伯托·圭杜奇、卢乔·隆巴尔多-拉迪切、瓦尔多·马尼亚尼、阿尔贝托·莫拉维亚、恩里卡·皮舍尔以及伊尼亚齐奥·西洛内等人。他们中间有的是意大利共产党文化政策的领军人物(马里奥·阿利卡塔),有的是当时世界知名的意大利作家(阿尔贝托·莫拉维亚,他同时也是该杂志的编辑之一)。这期杂志是在匈牙利十月事件的六个月之后出的,在当时一定意味着几位知识分子一次大胆的批判和倡议。

今天的读者可能会天真地想,在当时的环境下,这篇文章一定提到了当时在布达佩斯发生的事情。但是在八个问题里,一点都没提到这件事。相反,第一个问题的基调就是这样的:"你觉得苏维埃社会主义共和国联盟如何兼顾其作为国际共产主义运动领袖的地位和其政策力量的需要?"问题的答案汇集了有国际名望的作家(莫拉维亚)、哲学家(班菲)、人类学家(德·马蒂诺,他当时是意大利在这门科学中的唯一代表人物)以及诗人(福尔蒂尼)的观点——在谈其他东西之前,他们先谈了"领袖型国家"的健康状况。因此,他们可能会谈及闹事者煽动叛乱的言论或行动,这可能对强调"领袖型国家"的某些问题和需要有帮

[①] 原文为意大利语 Nuovi argomenti。——译者注

助。最触目惊心的是，这些文章——和许多作家写的同样沉闷的文章一样——在争先恐后地为"领袖型国家"背书；他们可能也会做出一点点心照不宣的反对，但是归根结底还是希望自己能够顺利完成吹捧的任务。

其实要把这本小杂志的每一个段落都批评得一文不值[①]还是挺容易的。我的目光最终还是被卢乔·隆巴尔多-拉迪切（我还记得他红扑扑的胖脸，就像一个永不毕业的学生弟）对匈牙利事件的言论吸引了。他说："匈牙利事件被资本主义媒体广泛报道（和庆祝！）。"正如我们所看到的，隆巴尔多-拉迪切是不怕放狠话的。他也说到了罪责和错误。但是，是哪些错误，又是谁犯下的罪呢？他的指控非常认真严肃："保守改良主义过去和现在犯下了太多罪责，做了太多错事。这些罪责和错误却假借了'社会主义'的名义。"这些罪责和错误针对的就是"领袖型国家"。在之后举的另一个例子里，彼得罗·南尼受到了谴责，因为他敢于建议"从口头上与苏联进行责任分离"（"口头上"是一个细微却重要的形容词）。简而言之，隆巴尔多-拉迪切用他男人的坚毅，告诫我们要团结起来对抗那些诋毁伟大的苏维埃社会主义共和国联盟的人（现在的人可能会很愿意介绍自己是一个改良主义者，但在当时这听起来像是一种严重的辱骂）。当时人们连读出乔治·奥威尔的名字都会带着厌恶。毕竟，这个家伙是叛徒。

[①] 原文为 pull to pieces，既有"撕成碎片"也有"把……批评得一文不值"之意。——译者注

隆巴尔多-拉迪切有没有可能是一个粗鲁无礼的苏联官僚呢？正相反，他是当时意大利极度体面的精英知识分子中非常完美的一员——我可没有在反讽。他一会儿到贝奈戴托·克罗齐[①]的圈子里转转，一会儿成了皮耶罗·卡拉曼德雷伊[②]的朋友，一会儿又搭上了帕提托·达齐奥内。那个家庭里相当多的子女都投靠了意大利共产党。但是，这个事实却没有让任何人感到反感。隆巴尔多-拉迪切就是其中之一。他是一名显赫教育家的儿子，娶了天主教大法官阿尔图罗·卡洛·耶莫洛的女儿——我总能记住他那一副装作和蔼可亲的样子。但是，我还不太能确定如果这些"领袖型国家"的追随者在那段时间里一旦掌权，他该怎么表现。我们都知道，初生牛犊不怕虎。

总的来说，阿德尔菲出版社还是有惊无险地度过了政治混乱的那十五年。那些不太喜欢我们的人（而且还不在少数）根本就不了解我们。那些当时被批判为"不接地气"的出版社，多年之后又被同一批人批判为"太过商业化"，而在这两件事里被用做例子的也是同一批作家。约瑟夫·罗特就是其中之一。而且，当时一些人被批判为"诺斯替[③]教徒"，然后迷雾确实来临了。几百

---

① 贝奈戴托·克罗齐（Benedetto Croce, 1866—1952），意大利文艺批评家、历史学家、哲学家、政治家。——译者注
② 皮耶罗·卡拉曼德雷伊（Piero Calamandrei, 1889—1956），意大利作家、法学家、政治家。——译者注
③ 诺斯替主义（Gnosticism，或称灵知派、灵智派）的教徒相信透过拥有"灵知"（Gnosis，或译"真知"），可使他们脱离无知及现世。——译者注

年以来,"诺斯替"这个词一直被用来定义不理解现世思想的一切事物。所以,"恶臭的诺斯替教徒"①和"恶臭的犹太人"②一样,是个光荣的称呼。

但是,最后有些观点明确的人还是出现了。和其他在"红色旅"③的官方报纸《反信息报》④上写文章的人一样,他不得已匿名发表文章。这是一份可以与《快报》⑤和《全景》⑥一起在各个报刊亭里自由售卖的报纸。这份报纸的读者群虽然非常有限,但都是死忠粉。这些细节很是值得回味。在1979年6月号这一期里,除了来自监狱的公告和声明,《反信息报》还刊登了一篇标题非常有野心的文章——《先锋艺术的解体》。它上下都有小标题——《文化上的反革命和心理战》和《生活图景的长征:社会聚落、稀缺价值与社会共识》,都是很有那个时代风格的用词。和其他"红色旅"的文章一样,这篇文章的出发点和正文关系也不密切。但是,可能是为了帮助读者理解,这篇文章被分成了几个不同的部分,每一部分前面都有一个高度概括的小标题:"'倒退',回到过去,在神圣的避难所,宗教的再度觉醒,回到乡下,独立工作坊,自然主义意识形态,错误的环境保护主义,'幻觉—失望—挫败'的

---

① 原文为拉丁语 foetor gnosticus。——译者注
② 原文为拉丁语 foetor judaicus。——译者注
③ 红色旅(Red Brigades),是一个意大利极左翼军事组织,成立于1970年。——译者注
④ 原文为意大利语 Controinformazione。——译者注
⑤ 原文为意大利语 Espresso,是在意大利发行的一本周刊。——编者注
⑥ 原文为意大利语 Panorama,是在意大利发行的一本周刊。——编者注

心理循环，非理性主义，东方狂热，新殖民主义①态度，肢体语言，个人身份的发现：它们不仅仅是时尚和偏好的表达，更是通过对激进正统观念的反复实践来解决的'离经叛道'。相反，这些'离经叛道'就是具体结果，'截断的'，是一个广大计划的流行弊病，由反应中心来理论化、推广和执行。"仅仅看有限的这几个词，就再清楚不过。最后一句话的语气特别悲痛："这么多人倾向于自我陶醉，而死亡的螺纹机正加速吞没敌对的重要潜力。"

读者很快就会感到被煽动了，想要知道"反应中心"是什么（不过就是黑暗反动势力的升级版，伺机而动且臭名昭著），不过"红色旅"的文章在开始时往往进展困难。所以，为了看穿事实真相，读者需要读到第九部分才行。第九部分的小标题是什么呢？是"阿德尔菲案"。

这部分是这么开头的："在文化的层面上，反革命势力其他方面的大量工作都是相似的，而且毫无疑问更加精练。这些反革命势力往往打着出版社的旗号，而其中阿德尔菲出版社就以其顽固姿态最为出挑，他们在经济上与菲亚特②的跨国资本有勾结。"并且，在上一部分的最后几行，阿德尔菲被描述成了"反革命势力在上层建筑方面的黄金支撑结构"。这简直就是对敌人的褒奖和尊敬。很快这些论调在这一部分又重复了一遍："根据

---

① 原文为 neo-clownist，疑有误，应为"neocolonialist"（新殖民主义者）。——译者注
② 菲亚特（FIAT，FIAT 是 Fabbrica Italiana Automobili Torino（意大利都灵汽车制造厂）的缩写，它是意大利著名汽车制造公司，成立于 1899 年，总部位于意大利北部的都灵。——译者注

我们对阿德尔菲出版书籍的研究,他们的书具有强烈的吸引力,这种渗透性是悄无声息的。令人不安的是他们的绝对弹性,在相当一部分优秀的作家中间传播开来——有文学领域的,也有哲学领域的——这些书太有魅力,以至于这些革命者们全神贯注地屈服于这些书。"接下来的一句话令我大为惊奇:"在阿德尔菲的出版链里,每一个单独的作家都是其中的一环,是一个细节,是一个片段。"先不说这种怪异的表达形式("出版链"居然能在米兰市中心布伦塔诺大街上沿着一条几米长的走廊完成),这位匿名的"红色旅"成员居然抓住了连官方评论都没有注意到的点:联系。这种联系虽然不能一下子看出来,但却很强势地存在于阿德尔菲的书目中——在"传世之藏"这个系列中尤其如此。在这里,读者很快就明白了论点的核心,表达出来应该是这样的:出版社的行为方式据称是"以逐渐削弱社会反抗的准则、破灭集体革命的希望以及挫败共同的颠覆行动为目标"。这些造反者们发现自己是造反的受害者,就好像卢米埃尔兄弟的电影里演的一样——有一个拿着软管的园丁发现自己被水喷了。这些恐怖分子却害怕被恐吓,还要抱怨自己受到了这样的待遇,而他们往真正的受害者身上施加的,恰恰就是这种待遇(请注意"挫败"这个词,在当时恐怖主义的语境里经常使用)。在这里,我有必要指出一个这种颠覆"造反"的例子,就是佩索阿:"用这个编辑团伙最近一次的成功来解释阿德尔菲出版社的作品评论和目的,将会是很合适的:他们出版了伟大的葡萄牙作家费尔南多·佩索阿①的作品,第一次将他的作品翻译成了意大利语(《选集》②)。"几年之后,戴着眼镜和帽子的佩索阿出现在了葡萄牙埃斯库多③的票面上——他是唯一一位肖像出现在货币上的二十世纪作家。今天,他的名字终于穿越了层层艰难险阻——就像卡夫卡和博尔赫斯曾经经历的那样——成为那些从未读过他的书的人仰望的对象。但在当时,他的名字还不为很多人知晓。现在看来似乎不可能,但在当时就是那样的:安东尼奥·塔布基担任编辑的佩索阿分册出版之后,遭遇了令人窒息的沉默。只有籍籍无名的《反信息报》认识到他作品的重要性,而且还得出了独特的结论:佩索阿是主要敌人的最终化身,因为他让颠覆活动的最后一点追随者们分神,并使其腐化堕落。然后,文章的语气突然变成了挽歌的那种调调:"因此,斗争就在佩索阿这里告一段落,致命的造反力量终于被埋葬。""上层建筑方面的反革命势力"终于通过对多义词的熟练运用达成了他们的恶毒意图。

如果我们想一想蒙田④的塔楼或者斯宾诺莎⑤的书房里有多少本书的话,那么一个单独的系列里有六百本书可以算是非常非

---

① 费尔南多·佩索阿(Fernando Pessoa,1888—1935),葡萄牙诗人与作家。——译者注
② 原文为意大利语 Una sola moltitudine。——译者注
③ 埃斯库多(escudo)是葡萄牙于1911年到欧元发行前的流通货币单位。——译者注
④ 米歇尔·德·蒙田(Michel de Montaigne,1533—1592),法国在北方文艺复兴时期最有标志性的哲学家。——译者注
⑤ 巴鲁赫·德·斯宾诺莎(Baruch de Spinoza,1632—1677),西方近代哲学史重要的理性主义者,与笛卡尔和莱布尼茨齐名。——译者注

常多了。六百本书足够形成一个震撼而多变的心灵景象。也许那些最美丽最壮观的弗拉芒景象要隔一段距离或者在边远地区才能看到。我们在这些地方徜徉的时候，经常能够看到一些小人物；而且在这里很容易迷路。

我很好奇，那些勉强学着阅读的读者，他们临终的时候会在这种景象中感受到什么呢？可能他们并不喜欢，转身就走了——如果是这样的话，我可能会好奇地跟上他们。但是我想，他们一定不会错过这种极富特色的循环往复——不管它们之间有多么不相干。我们可以做个测试，看看2006年出的前几本书吧——这是"传世之藏"系列推出的第四十一个年头。

伊丽莎白·毕晓普是克里斯蒂娜·坎波在《不可饶恕》[1]里写到的几个人之一。她的人生轨迹和玛丽安娜·穆尔几乎是并驾齐驱的，因为这个人是她生命中最亲近的人。李克曼[2]翻译的《论语》和戴闻达[3]翻译的《道德经》《商君书》是如此相得益彰。这是两个迥然不同的汉学家，一个是荷兰人，另一个是比利时人，他们都冷静而准确地翻译了博大精深的中国古代经典。西默农在写了二十三本其他"非麦格雷[4]"小说之后，又推出了

---

[1] 原文为意大利语 Gli imperdonabili。——译者注
[2] 李克曼（Pierre Ryckmans, 1935—2014），笔名西蒙·莱斯（Simon Leys），比利时汉学家、作家和文学评论家。——译者注
[3] 戴闻达（Jan Julius Lodewijk Duyvendak, 1889—1954），荷兰汉学家。——译者注
[4] 儒勒·麦格雷（Jules Maigret）探长是西默农在其系列推理小说中塑造的名侦探。——译者注

《货物》一书。他颠覆了"独一无二的作品"的规则：它不再是单独一种作品，而是一整部多种多样、跨度极大的小说文集。伊莱娜·内米洛夫斯基[①]的《大卫·格德尔》与当时在巴黎的另一位俄国人尼娜·巴巴洛娃的悲惨故事有关。这些故事中的角色会很容易地替换成另一个故事中的另一个角色。这几本书每本都是如此。

在和爱克曼[②]的对话中，歌德提到了"世界文学"[③]的概念："世界文学"是写作发展到最后不可避免的前景。"民族文学现在已经式微，我们正在进入一个世界文学的时代，每个人都应该为这个时代的尽快到来做贡献。"

这个时代终究还是到来了——不仅在文学一途，它也是整个宇宙的大混合。博尔赫斯通过他的所有作品补充道：万事万物皆可看作文学。今天，文学就是一艘载着所有可能组合形式的幽灵船，在中立、不偏不倚的基础上把这些组合聚集到假想的头脑中，而不是屏幕上。这可能是我们这个时代里相当少见的特别待遇之一。这个本身就很大胆的事实已经畅通无阻地贯穿了普遍的意识。现在，文学（在正常情况下）不仅不再引起人们的注意，

[①] 伊莱娜·洛芙娜·内米洛夫斯基（Irène Lvovna Némirovsky, 1903—1942），生于乌克兰基辅，是犹太裔小说家。——译者注
[②] 约翰·彼得·爱克曼（Johann Peter Eckermann, 1792—1854），德国诗人和作家，因作品《歌德谈话录》而闻名于世，他是约翰·沃尔夫冈·冯·歌德晚年生活的见证者。——译者注
[③] 原文为德语 Weltliteratur。——译者注

而且很难和其他东西区分开来。也是因为这个原因，阿德尔菲出版社"传世之藏"系列的六百本书才能辑录到一处，而且这些作品的并列似乎一点也不违和。对每一位读者来说，不管从哪一本读到另一本都很有说服力，对那些帮助把它们排列在同一个框架的人来说也是如此。毕竟，这是策划一整个系列背后的隐藏目的，对"传世之藏"系列来说尤其如此：这个目的要逐字逐句地达成，就像一根线上的每一颗珠子都要紧密相连一样。

对"传世之藏"的际遇来说，至关重要的一点就是和这个系列那些不可思议而又思维敏捷的读者群建立的"沆瀣一气"的特定关系。我可以举出来大把大把的例子，其中令人印象最深刻的就是西默农。

1982年秋天，我前往瑞士洛桑和他见面，同行的还有丹尼尔·克尔和弗拉基米尔·迪米特里耶维奇（前者是第一个出版西默农作品德语版本的出版人，后者是我所见过的最伟大的西默农研究专家）。当时，他的书在意大利处于这样的情况：已经出版了很多麦格雷系列的平装本小说，并在车站的报刊亭里发售；但是用西默农的话说，没有一本"非麦格雷"小说或者"大部头"小说。考虑到蒙达多里是西默农的第一个外国大出版商，很明显他的很多小说自二十世纪三十年代起就陆续被出版了。但是，这些书已经渐渐绝版。西默农当时没有意识到现状，所以感到非常惊奇。我解释说，我们的计划是在"传世之藏"系列里出版"非麦格雷"小说,作为二十世纪最会讲故事的人之一的作品。

事情一开始有很多合同上的障碍。我几乎要对解决问题不抱什么希望了,西默农对付出版商是出了名的不留情面——两年之后他终于让我们知道,计划可以顺利进行了。我相信,决定性的因素是费德里科·费里尼①为了支持我们的计划而写的一封长信。费里尼和西默农对彼此的了解相当透彻,而且全意大利也找不到第二个人像费里尼这样了解西默农作品的人。

我们的第一本西默农作品《给母亲的信》于1985年4月出版,收录在"袖珍传世之藏"系列中。我们选择出版这本书,不仅仅因为它是一部充满热情、扣人心弦的作品,也和作家本人有关。其实西默农一直对蒙达多里表示不满,因为这家出版社一直坚决不出版这本小书,称它"太短了"。虽然有少部分人意识到《给母亲的信》是一部很有启发性的作品,但是它并没有马上收获成功。

但是,我们非常清楚地知道,西默农实验性作品的成功与否,只能靠推出"非麦格雷"小说来检验了。如果我们是二十世纪五十年代的埃诺迪,我们就会马上找人写一份配合行动的前言,并引导读者们恰当理解作家,但我们阿德尔菲出版社从不赞同语境研究和理论教学,这样读者们就不可避免地感受到我们专

---

① 费德里科·费里尼(Federico Fellini,1920—1993),意大利著名艺术电影导演,同时也是演员及作家。——译者注

制主义的作风。因此，我们决定把西默农打造成二十世纪最伟大的作家之一，而且还要把这件事当成是理所当然的。这在当时并不能算得上是读者们的共识：西默农的作品现在是被收录到"七星诗社图书馆"系列里了；但在当时，就算在法国，他的名字也不经常出现在文学年鉴里。

要选择以哪一本书作为开始是很难的。我和迪米特里耶维奇讨论了很长时间，最后选定了《路上的窗户》。选择这本书最主要还是因为这是西默农最完美的小说之一——它在法国基本已经被遗忘了，在意大利更是无人知晓。不过，选定此书也有其他的原因。这本书于1933年出版，故事发生的舞台是黑海边上的巴统[①]，它用一种前无古人的方式描绘了苏联。西默农后来经常被称为"氛围大师"，在写作这本书的时候，他与苏联有过一次短暂的邂逅。他妻子蒂吉在回忆1933年时写道："6月份，我们的船开往土耳其，去伊斯坦布尔和安卡拉；然后又去了苏联南部：黑海海岸、敖德萨、雅尔塔、塞瓦斯托波尔、巴统。《路上的窗户》这本小说准确描述出苏联这种压抑、痛苦和不安的氛围已经恶化到了什么地步——告密和不信任就是铁律。我们在巴统冒着被关押和拘留的风险。我们的签证似乎不合规范。万幸的是，鱼子酱好吃得令人称奇。在普林基波岛[②]上拜访了托洛茨基。"

[①] 前苏联港市，今格鲁吉亚西南部的阿扎尔自治共和国首府。——译者注
[②] 土耳其伊斯坦布尔省伊斯坦布尔东南马尔马拉海中王子群岛九个岛屿中最大的一个岛屿，也是属于岛屿区的一个社区，面积约五平方公里。——译者注

但是，这对西默农来说还远远不够。他用常人难以企及的直觉感知着苏联的空气。二十四年之后，一帮最有名望的意大利精英知识分子将其称为"领袖型国家"。这是一种空想的精确感，没有几个人有能力做到。

《路上的窗户》于1985年10月出版，首次发行量为九千本。我们都很好奇媒体的反应会是什么样的。很快，重要信号就出现了。11月中旬，一篇由戈弗雷多·帕里塞撰写的文章出现在《晚邮报》的文化版上，题为《乔治·西默农和他"形而上学"的犯罪故事》。我带着模糊的怀疑感读了这篇文章，希望所有东西都被注意到，不仅仅是这本书，还有它所呈现的方式——一种非常敏锐而优雅的方式。出发点在于勒口和封面（在这里是卡雷尔·威林克的一幅画作，并不是黑海的景色）。帕里塞在文章中严谨地介绍了编辑的考量，并直接指向这本小说的中心："这位天才作家于二十世纪三十年代写成这本书。这部短小精悍的大师级作品揭示了在那个强大、权威又如同造物主一般的警察独裁政权下，警察、控制以及彻底消灭一个人是什么样的——这种独裁是一个现代人闻所未闻的。"再往后一点，帕里塞巧妙地提到，"场景、习俗和名字似乎都覆盖着一层形而上学意味的超现实主义画作里的白色粉末。"——就是威林克画在封面的那些建筑上的白色粉末。

在帕里塞那篇文章之后，我不记得还有谁的文章敢于质疑"称西默农为二十世纪最会讲故事的人之一是否恰当"。帕里塞的热情也影响了相当数量的读者，西默农之后四十五本书的首次发行量都是五万本。

在文章里，帕里塞详述了这样一种奇特的现象：一个普通读者在书店里遇到一本此前一无所知的书，随便翻了翻，结果就被"深深地吸引了。他买下这本书，迫不及待地带回家接着读。他读了这本书，发现这是一部大师级的作品。为什么一切都那么合适？首先因为出版人自己（而不是由他人代劳）读过这本书，发现这是一部真正的大师级作品：这样封面自然就和作品的风格相一致，二者相得益彰。读者所经历的过程也是一样的：买书，跑回家，把其他事情放在一边，如痴如醉地读这本书，然后自己发现这是一部大师级的作品。很简单是不是？但是对今天的出版人来说是相当难的——以至于出现这样一本书的时候，我内心是狂喜的"。

帕里塞描述的过程告诉我们，出版人和读者之间确实存在一种"勾结"关系。用市场营销专家那种难以理解的智慧来定义的话，就是"增加品牌价值"——他们觉得这个短语更合适一些。这种关系是如何建立起来的呢？和陌生人的"勾结"只有在不令人失望的相同经历的基础上才能建立。但是我们怎么确保这种经历是"不令人失望"的呢？要同时面对一群除了买了同一本书之外毫无共同点的陌生人显然是不可能的。还是不要这样尝试为好。或者至少给我们自己限定一条基本规则：想想那些不令我们失望也不会令其他人失望的东西（意味着那些组成了一家出版社灵魂的微小群体）。如果用了这条规则，那么结果（出版的书）会变得相当怪异——很多人甚至都不会拣起这本书看，纯粹因为他们缺乏兴趣。这些就是一定会觉得失望的读者。一般说来，剩下的读者就很少了。但是，这些少数派也可以是很多很多人。帕里塞应该会说，这些志同道合的人可能就是被封面上的画吸引。"插画提供了一种再创造书中氛围或者心境[①]的方式。"他们就是不会失望的人，随着时间的推移，出版人可以和他们结成心照不宣的同盟军。

有人可能会在这一点上表示反对：西默农的作品拥有这样的内在能量和强大的渗透力，会受欢迎一点也不奇怪。难以理解的是，对我们这里描述的"非麦格雷"作品来说，为什么这样的效应没有出现在美国、英国、德国甚至是法国本土呢？书籍呈现的方式以及它们所在的背景可能就是一种简单的印刷框架，但是仍拥有某种显著的重要性。出版人的重要性正是这一点。只要成功建立了这种"勾结关系"，出版就依然是极有吸引力的游戏。但是，如果有一天——很有可能在不久的将来，这独一无二的一切都将变得多余——书籍如是，读者亦如是。我们都会进入一个新时代。到时候，我们将会寻找一种不一样的方式去定义阅读。当然，我们到时候也会读其他的书。

我想起了第一次见到乔瓦尼·波齐神父时的情形。那是在

[①] 原文为德语 Stimmung。——译者注

1976 年，里基亚尔迪-埃诺迪正在出品一个新的意大利经典系列。我们讨论了一会儿一些相当老套的系列名称，当然也不可避免地抱怨了意大利读者对本国文学的冷漠。这时波齐神父突然变得有些激动，我觉得这是令人钦佩的。他说，问题不是要强烈谴责读者的普遍冷漠，而是要找到一开始让他们冷漠的根源。他们今天在书店的架子上找到的并不是意大利文学，而是其中相当有限的一部分——这是所谓意大利文化学者和出版人一起干的好事。在这部分之外，还有相当丰富的内容。波齐神父举了好几个例子。首先，他引用了一些宗教文学——这些作品在意大利文学兴起之时曾是很重要的一部分，但是现在几乎无人问津。毫无疑问，我完全同意他说的话。但是，我也被另一点震惊了：站在我面前的是一位伟大的文献学家、文学评论家，也是一名真正的宗教信仰者[①]——这三个方面在他身上相互融合，相得益彰。当时我想（现在我也这么想），密契主义毕竟是一个严密的学科——那些吠陀仙人们当然知道这一点——其他任何一种精确性都是从中衍生出来的。

除了波齐神父，我还想说说另一个人——罗伯托·巴兹伦，他在二十世纪六十年代早期制订了阿德尔菲出版社第一个出版计划。首先我想说的是，巴兹伦是我认识的最虔诚的人，同时也是最不道貌岸然的一个。他博览群书，但到最后只有一种书能够真正吸引他：不管是什么形式，属于哪个时代、哪种文明，只要是

[①] 原文为拉丁语 homo religiosus。——译者注

一种知识上的实验，或者能够转化为读者经历的书，都能够受到他的青睐。我意识到，用这种方式，我也能定义阿德尔菲出版的那些宗教书籍的"精神"和"灵魂"：被选中的作品不都是遵从某种文化义务的，也不仅仅是因为它们符合联合国教科文组织的精神——我们往往站在这种义务和精神的对立面；我们选择那些作品，是因为它们蕴含着一种知识的可能；如果没有它们，我们的生活将会变得贫瘠得多。

我意识到我强调了"知识"这个词，却没有提另一个词——"信仰"。我们在谈及宗教的时候，往往会先提到"信仰"——就算是在字典里也是这样[1]。我当然不想忽视神学三德[2]带来的困难。暂时不提信仰，是因为这近乎一种悖论：因为语意上的损耗，在用我所指的那种方法考虑"信仰"这个词的时候，它最终总是成为一种阻碍，而不是帮助。为了和"知识"这个词联系起来，这里我觉得应该把它翻译为梵文。吠陀仙人们经常谈到"信"[3]，意思是"相信宗教仪轨的效果"。这里有必要解释一下"宗教仪轨"这个词：对吠陀仙人们来说，这首先意味着信仰状态。在吠陀教义中，信仰状态和占据了一整年乃至全部时间的宗教仪轨一样，基本上是无休无止的。翻译成我们能听懂的话就是：《东正信徒朝圣记》里那个没有名字的俄国人一直

---

[1] faith（信仰）在英语字典中排在 knowledge（知识）前面。——译者注
[2] 天主教提法，即信德、望德、爱德，在至深之处与此世生活和世俗道德有一种密切的关联。——译者注
[3] 原文为梵语 śraddhā。——译者注

做的祈祷如果不是无休无止的"信仰状态",又是什么呢?如果这种"信仰状态"表示的不是沉湎在神旨中的美德,又是什么呢?我还想举另外一个例子,这个例子可以说是"信"这种独特信仰的"原始场景"。1966年,我有机会为阿德尔菲出版社翻译和出版的第一本书是圣依纳爵·罗耀拉①的自传。在这位圣人生命的最后几年里,他向门徒贡萨尔维斯·达卡马拉口授了这部短小而粗略的自传;流传到今天,我们看到的版本是一半用卡斯蒂利亚语一半用意大利语写的。这是一种匆忙而朴实的记录,似乎保留了口述时的呼吸。我们知道,年轻时候的罗耀拉是一位性格暴躁的多面手,如痴如醉地读了许多骑士小说。有一天,已经皈依了宗教但是依然受到无数痛苦折磨的罗耀拉骑着骡子走在路上,要去蒙特塞拉特②。这里我引用他的原文:

> 正在赶路的时候,他看见一个摩尔人也骑着骡子,于是他们开始交谈,谈到了圣母玛利亚。那个摩尔人说,他一直被告知的,似乎是圣母玛利亚没有男人就怀孕了;但是他不认为她能在保持处子之身的状态下怀孕生子。为了证明这一

---

① 圣依纳爵·罗耀拉(西班牙语:San Ignacio de Loyola;英语:Saint Ignatius of Loyola, 1491—1556),西班牙人,耶稣会创始人,罗马天主教圣人之一。他在罗马天主教内进行改革,以对抗由马丁·路德等人所领导的宗教改革。——译者注

② 英国海外领地,为西印度群岛中背风群岛南部的火山岛,由哥伦布在1493年以西班牙境内的蒙特塞拉特山命名。——译者注

点，他自然就把能想到的理由都说了。不管这个摩尔人给出多少理由，作为朝圣者的罗耀拉都是不会被说服的。但是，那个摩尔人还是在那里自顾自地喋喋不休，于是罗耀拉就忽略了他，并想：这个摩尔人遇到什么事情了吗？然后他内心的不快终于忍不住了（他似乎没有尽到本分），向那个摩尔人发泄了一通自己的愤怒之情——他居然允许一个摩尔人这样说圣母玛利亚，他觉得自己有义务维护她的荣誉。于是他想要提剑去找那个摩尔人算账，要他为他说过的话付出代价。在这些想法中纠结了许久，最后他还是迟疑了，他不知道自己应该做什么。那个摩尔人此时早就超过了他，那人说过自己要去同一条路上稍微远一些的地方，离大路很近，但是并不经过大路。

罗耀拉疲于判断最应该做的是哪件事，也找不到合适的解决方法，于是他决定在岔路口松开骡子的缰绳：如果骡子走向村庄的方向，他就去追那个摩尔人并用剑刺他；如果骡子走向大路，他就放过那人。他是这么想的，也就这么做了。一切交由我们的主决定，虽然离村庄只有三四十步，通向那里的路也更宽更好走些，但是骡子还是走向了大路，没有走通向村庄的路。

这个小插曲结束之后，罗耀拉直接往下说了，没有做任何评论。但是，今天我们知道这个在岔路口犹疑不决的场景——一条路可能会让他去刺杀一个素不相识的摩尔人，另一条路则会让圣依纳爵·罗耀拉前往蒙特塞拉特度过余生——这个关于"信"的场景出奇地生动,这种对心灵与世界某种关系的信任,时时刻刻都在触及我们所有人的生活——我的意思是,不管我们是否属于某一个教派,都是一样的。谈到这一点之后,接下来就应该很清楚了:我们通过知识和信仰("信")两个至关重要的方面理解宗教,而宗教影响着我们生活的每一个方面。不管哪一个方面,我们都与逃离自我的东西息息相关——这些东西就在脱离我们控制的地方,我们发现这对我们来说是非常重要、必不可少的。最终,这就成了我目前为止提到的那些书在阿德尔菲出版的原因。与这些书有关的都是神话,有的和它们并列,有的和它们重叠——正如波齐神父所看到的那样,这些书"并不是完美紧密相连的"。这里又出现了与未知的关系。不管在巴西的森林、卡拉哈里沙漠①、古代中国、荷马时代的希腊、美索不达米亚平原、埃及还是吠陀时代的印度,如果每种语言都有关于世界起源的故事,而每个故事的受众都只有一小部分,那么这些没有其他用途的假想,因为与我们身边或者头上的种种实体建立了联系,所以就显得越发有效。这些在时间和空间上非常久远的故事是没有任何风险的,与我们没有直接联系,也很难接近。所有的神话故事,不管起源是哪里,都与我们有着密切的联系——虽然我们往往意识不到。这次用马丁·布

---

① 非洲南部的一大平原沙漠。沙漠位于卡拉哈里盆地中央,总面积约九十万平方公里。——译者注

伯①和海因里希·齐默尔②都讲过的哈西德③故事来说明这一点再好不过了：

艾斯克拉比是耶克尔拉比的儿子，他住在克拉科夫④的犹太人区里。在数年的穷困潦倒里，他依然坚定不移地保持着信仰，他是他所信仰的神的虔诚仆人。

一天晚上，这位虔诚而忠实的犹太教艾斯克拉比在睡觉的时候做了个梦。在梦里，他被命令走了很远的路，来到波希米亚人的首都布拉格。在那里，他竟然找到了隐秘的财宝，就埋在通往波希米亚国王城堡的大桥下面。这位拉比很是惊奇，就推迟了离开的日期。但是，他又做了两次相同的梦。做第三次的时候，他勇敢地打点行李，出发去寻找宝藏。

到了藏着宝藏的城市之后，艾斯克拉比看见桥上有卫兵日夜守护着，于是他没有冒险去挖。他只是每天早上都来这里闲逛，日落之后才离开；这期间他盯着大桥，看着卫兵，安静而隐秘地研究着砖石和泥土。过了一段时间之后，卫兵长被这位老人的坚持触动，就走过去温和地问他是不是丢了

---

① 马丁·布伯（Martin Buber，1878—1965），奥地利-以色列犹太裔哲学家、翻译家、教育家。——译者注
② 海因里希·齐默尔（Heinrich Zimmer，1890—1943），德国印度学家、南亚艺术史学家。——译者注
③ 犹太教正统派的一支，受到犹太神秘主义的影响，由十八世纪东欧拉比巴尔·谢姆·托夫创立，以反对当时过于强调的守法主义犹太教。——译者注
④ 波兰第二大城市，位于波兰南部，邻近克拉科夫-琴斯托霍瓦高地。——译者注

什么东西，是不是在等人。艾斯克拉比就将自己的梦简单而自信地复述了一遍。卫兵长听后，哈哈大笑起来。

"真的假的，你这个穷鬼！"卫兵长说，"你在这里闲逛，鞋都要磨破了，就因为这个梦？你这样一位明智的人居然还会相信这样的梦？我要是做了这样的梦，第一时间就会做相反的事情。我应该像你这样做一次愚蠢的朝圣，只不过要去相反的方向罢了。不过毫无疑问，结果都是一样的。我来给你讲讲我的梦吧。"

他是一位富有同情心的军官，虽然他的胡子很吓人。拉比对他有一些好感。"我梦到了一个声音。"那位信仰基督教的波希米亚军官说，"这个声音对我说，克拉科夫一个犹太教拉比的家里藏了一大笔财宝，命令我去找出来。这个拉比名叫艾斯克，是耶克尔的儿子。财宝就藏在壁炉后面的肮脏角落里。"卫兵长又一次哈哈大笑，眼睛闪着光，"说真的，你还不如去克拉科夫，扒开犹太人区里每家每户的墙，找找那个艾斯克或者那个耶克尔！"他又一次因为这个有意思的笑话笑了起来。

这位安静朴素的拉比急切地听完卫兵长的话，深深鞠了一躬，谢过这位陌生的朋友，就急急忙忙地回到了远方的家里，挖开房子里不起眼的角落，找到财宝，终于使他脱离了贫困。他用这笔钱的一部分建了一座以自己名字命名的祈祷所，直到今天当地仍流传着这个故事。

这个故事想说明，或者至少最初想说明什么呢？当然不是"宝藏就在我们身边随处可见"——这似乎太像一个宽慰人心的老生常谈。我们身边的宝藏就本质而言是没有什么意义的，虽然它们并不存在。真正重要的是这个过程，或者不如说是这个"荒谬的"征程。说它荒谬，因为走得很远很远，去了一个不存在的地方。最重要的是，整个过程都是通过"信"的行为表达出来的，它依赖于一种难以捉摸又没有任何保证的东西：梦境。但正是征程本身让宝藏成真了。这应该足够回答"神话故事有没有用"这个问题了。毕竟，这些故事的第一个优点就是平白易懂，而且要在自己的框架里自圆其说。一个好的出版人应该出版十分之一他想出版或者应该出版的书。所以，在电子书如影随形一般重重夹击的今天，阿德尔菲出版社书目中的这些宗教和神话作品可以看作实体书的一个出路。我还想补充的是，一个好的出版人的读书生活中，会自然而然且不可抗拒地出现一些"友好的影子"。它们在宽广无垠的遥远之地，与我们互通心意；它们曾经也是待开发的处女地，就像等着被阅读的书页一样。

写给陌生人的一封信

书籍勒口是一种谦逊而费力的文学，因为迄今为止没有一位理论家或者历史学家是研究勒口的。对一名出版人来说，它往往是说明为什么特意选择出版这本书的唯一机会。对读者来说，勒口是需要小心翼翼阅读的部分，怕它是某种鬼鬼祟祟的广告。不过，勒口其实就是书的一部分，和封面上的画作、颜色以及印刷字体一样，是一本书的样貌。从书籍的呈现方式也可以看出文学的演化。

在勒口出现之前，书籍的历史不仅源远流长，而且相当曲折。它有一个高贵的祖先——献词。献词是一种风行于十六世纪的文学体裁，如果有亲王赞助了某本书，其作者（或者印刷者）就会在献词中赞美这位亲王——这是一种论尴尬程度并不比勒口差多少的文学体裁，因为它的目的就是拍马屁，甚至还不如商业炒作的广告。尽管献词十分流行，也出现在很多书上，作者（或者印刷者）们还是会在公开致谢的字里行间渗透真相——哪怕真相是滴滴毒药。但事实是，某本书只要一出来，它的勒口就会不可避免地激发不信任这种感觉。

现代社会当然没有什么献词需要献给什么亲王了。但是别忘了，需要讨好的还有公众。公众可能有一张更为清晰、更加易于辨认的脸吗？要是有人这么想就错了。对于一些人来说，他们的职业甚至可能是建立在这种错误之上的。但是，如果仔细看看出版的历史，你就会发现这是一部有着无数惊喜的历史，一部充满了不确定性的历史。亲王一时的心血来潮被换成了别的趣味，遍布各处，一点都不比亲王弱。误解的可能性也由此成倍地增加了。我们先从"公众"这个词开始谈起：那些谈论公众的人，脑子里往往想的是一大群无组织的人。阅读和思考一样，是一个人的事，而且其前提就是不示于人，一个人单独做出选择。这种体现了作者（或者印刷者）赞助人的趣味毕竟要好一些，因为公众的趣味是比不上一个正在读一本作品的无名读者或者一个他不认识的作家的。

我们在书店里看到一个读者：他拿起一本书，一页页地浏览——在这一瞬间他是完全与世隔绝的。他能听见某人在说话，而其他人听不见。他将话语的碎片重新组合起来。他合上书，看着封面，然后他往往会看一眼勒口，希望得到一些帮助。这时候，他就不知不觉地打开了一个信封：寥寥几行字就表现了这本书的内容，就像写给陌生人的一封信。

多年以来，每次阿德尔菲出版社要开始出版书籍的时候，我们都会问自己一个问题："出版社的政策是什么？"每次这个问题都会被"政策"影响,因为"政策"有时候是"政治"的同义词,它的触角延伸到方方面面,就连去酒吧选择喝什么咖啡都会受到影响,但先不论这个问题有多尴尬,它起码是正确的。近一个世纪以来,出版人的角色越来越淡化,退到了幕后。出版人就像一个看不见的仆人,仔细地用一套并不那么明显的标准来斟酌词句和意象,还要引发公众的好奇心。出版人是为了像其他产品的生产商那样挣钱吗?几乎没有人打心眼里这么认为,因为(如果不是其他原因的话)这份工作实在是太脆弱了。对此有一个非常直接的疑问,那就是:钱能不能证明一切都是正确的?而其他的一切事情往往都归因于出版人。如果有出版人做这份工作只是为了挣钱的话(反正我是没有遇到过这种同行),就没有人注意到他了。怀疑论者的观点也会得到证实:他很快就会不做这一行。

早些年,人们会因为阿德尔菲出版社的书之间缺少联系而感到震惊。在"传世之藏"系列里一本接一本地出现的,是一本奇幻小说、一部关于日本戏剧艺术的专题论文、一本关于动物行为的通俗读本、一部西藏宗教文本以及一份二战期间的关押记录。是什么把它们联结在一起的呢?矛盾的是,很多年以后,关于"缺少联系"的担忧走到了反面:一眼就能辨认出这些联系。在好几家书店里,书籍都按照主题放在不同的架子上。除了烹饪、经济、历史等标签之外,我还找到了一个相同字体的标签——"阿德尔菲"。很多书商和读者都注意到了这种奇特的反转,而这不是没有根据的。一家出版社的建立可能出于很多原因,也会遵循很多标准。对今天的大出版社来说，可能这样才是正常的：出版的每一本书都与公众这个大群体的一部分有关系。因此，就会有给粗俗人看的粗俗书，以及给高雅人看的高雅书，根据每个群体的不同比例而定。

但是一个编辑项目的制定，也有可能是出于完全相反的标准。除了大蛇一般蜿蜒曲折的书页集合之外，出版社还是什么呢？这条大蛇的每一部分都是一本书。但是如果我们把这个系列看成一本单独的书呢？这本大书里面包含了很多种文学体裁，很多种风格，很多个时代，但是又很自然地持续推进着。每一章都充满了期待，每次都是不同的作家。这是一本内容丰富而又任性的书，它的目标就是"多变"①，从不因为对立面和争议而退缩，甚至互相竞争的作者们在其中也会发展出一种微妙的"勾结"关系，可能他们这辈子都不会看到。毕竟，这一系列的书都能够当作一本单独的书来阅读，这种奇妙的过程已经在一些人的心里发生过了——至少在每一本书后面那些反常的人心里发生过：也就是我们出版人。

这个想法发展出很多个结果。如果一本书起初是一种形式，那么一本由数百本（或者数千本）书组成的书，首先也是一种形式。在我所描述的那种出版社里，一本不恰当的书就像一本小说里的错误章节，一篇散文中的弱点，一幅画作上极不协调的污点。批评一家出版社就像是批评一位作家。这样一家出版社可以

---

① 原文为希腊语 poikilía。——编者注

比作一位只写集锦作品的作家。但是，别忘了，中国最初那几部经典作品不都是集锦吗？

然而，尽管会被误解：我不期望任何一位出版人成为类似中国经典的存在。这对他的心理稳定性来说是非常危险的——因为这种稳定性本来就已经被各种错误和诱惑威胁着。在这些之中较为突出的——注定会是大有希望的未来——是那种与我们称之为中国经典文本诱惑相反的完美写照。我指的是，成为阿道夫·路斯所说的那种"贫瘠的小有钱人"的可能性——想要住在专属设计师关照每一个小细节的房子里，最后感到彻底与世隔绝并以这座房子为耻。设计师抱怨说，他居然在客厅而不是卧室里穿拖鞋（这双拖鞋也是设计师设计的）。

不，我的建议是，应该有一点微小或者必要的要求，作为出版人义不容辞的职业规范。但这种"必不可少"的微小要求是什么呢？就是出版人应该喜欢读他所出版的书，但难道不是所有给了我们某种乐趣的书都在我们心里成了一种混合体吗？这个混合体的所有组成部分难道不与一种不可抗拒的亲和力有关吗？这种经过坚持不懈研读偶然形成的混合体，可以作为出版社的典范。比如，其中有一家叫阿德尔菲的，就展现出对亲和力的独特品位。

我写的所有这些，都在勒口上留下了痕迹（到现在为止已经这么多字了）。从一开始，它们就遵循着一条规则（我们自己要以字面意思理解它们）和一个要求：我们那些不落俗套的读者也可以做一样的事。这个狭窄的修辞空间没有十四行诗那么吸引人，但是一样激动人心。这里只能容得下短短几句有效的话，就好像在给一个朋友介绍另一个朋友的时候，你必须要克服那种尴尬的感觉——每次介绍也会有那么点儿尴尬。最重要的是，出于礼貌，你不可能将两个朋友的缺点介绍给对方。但是，这也是一种约束：众所周知，适当赞扬的艺术并不比严厉批评容易多少。重复和限制是我们的天性中的一部分。毕竟，我们起床的动作从来没有过什么大的变动。

第三章

朱利奥·埃诺迪

很少有人能把出版这份工作做得非常出色。如果我们放眼过去整整一百年的世界，会发现许许多多优秀的出版人（意思是出版过优秀书籍的人）以及很有能力的出版人（意思是有能力出版不同种类书籍的人）。但是，伟大的出版人却寥寥无几，肯定比他们出版过作品的伟大作家还少。在这寥寥无几的伟大出版人之中，朱利奥·埃诺迪就是其中一位。

我们如何衡量一位出版人的伟大之处呢？这个问题似乎并没有激发很多人的兴趣。回顾出版的历史是没有意义的，充其量也只能提供关于出版活动的一些有用数据以及不同方面的信息，但是这种回顾并没有试着去评价质量，就像给一部史诗作品或者一首十四行诗做出清晰而详细的评价那样。所以，回顾最初才是上策，因为一种形式在其发展初期，总是能够表现出最佳的潜力，比如摄影史上就发生过这样的事。每个想要研究摄影术起源的人都应该研究纳达尔。但是，谁是出版业的第一人呢？是奥尔德斯·马努提乌斯，一位威尼斯出版人。他是第一个把出版看作一种形式的人。无论从哪方面来看，出版都是一种形式，当然，尤其是一种和出版书籍的选择和顺序有关的形式。然后，这也是和出版书籍所伴随的文本有关的形式（奥尔德斯亲自书写的起始页，不仅仅是所有现代前言、后记，也是勒口、编辑推介以及宣传材料的鼻祖）。并且，这也是和一本书的印刷及其质量有关的形式。众所周知，奥尔德斯是一位举世无双的大师：很多人都同意他出版的《寻爱绮梦》是世界上出版过的最美丽的图书（这本相当难懂的小说于1499年出版，作者至今依然未知：这位出版人的另一个卓越之处正在于此——他不仅出版了已有的经典，而且还提携了一位籍籍无名的新人作者）。可以说，《寻爱绮梦》是一部独一无二的作品，无论从哪个方面看都是不可复制的。我们要感谢奥尔德斯发明了最美好的东西，让我们在今天能够成千上万地复制他留下的财富。他发明了平装书：第一部平装书是1502年的《索福克勒斯》。从这本书开始，书籍拥有了格式和版面设计，能够让我们这些五百年以后的出版人很容易地大量复制。我有幸拥有一本这个版本的《索福克勒斯》，我知道可以随时把它揣进我的外套口袋里，找一家咖啡馆，坐下来慢慢地读《菲罗克忒忒斯[1]》。最后，出版社的形式也可以看作是把各种不同的书聚集到一起的方法（不管从物理形态上看它们是文字还是丛书），正如把大仲马的巨著中第二十三章和第八十章，或者把普罗佩提乌斯[2]的

---

[1] 菲罗克忒忒斯（Philoctetes），色萨利的墨利波亚国王波阿斯之子，特洛伊战争中希腊联军的将领。——译者注
[2] 普罗佩提乌斯（Propertius，前50—？），古罗马屋大维统治时期的挽歌诗人，著有四卷本与之相关的文学著作。——译者注

挽歌中第三联和第九联结合到一起一样。

因此,出版作为一种形式(也就是出版的最高形式)最早起源于意大利威尼斯,早在十六世纪的头二十年里就出现了。然而,这些光芒四射的发明都被埋葬和遗忘了。奥尔德斯书写的这一页就像一颗流星一样——在接下来几百年波谲云诡的书籍贸易中,他也没有留下多少痕迹。所以,出版渐渐成了一个有风险又没有什么油水的行业(今天正是如此),每一个方面都很吸引人,但是缺少那种奥尔德斯首先展示出来的杰出形式和缜密。

我们还是直接来到二十世纪三十年代的意大利好了。罗伯托·巴兹伦曾经说过,只要看看二手书摊,就能评判一个国家出版人的好坏了。在一战不久之后的的里雅斯特[①],他也教过我们区别德国出版和意大利出版的方法,那几句话真是值得纪念——"你们应该见过出现在战后贫民区书摊上的文学作品,那时候奥地利成了一片焦土,德国人正急着离开并卖掉战争遇害者的物品。所有这些都是伟大的非官方文化,都是相当重要又完全不为人知的书籍。读过的人把它们搜集了起来,因为他们需要拥有特定的某本书。所有的东西都从我手中流过,我根本没有料到会这样,但是大部分书都白白从眼前流失了,而我没有意识到它们的重要性。即使是现在,如果我听说起那些很难入手的书,在最近二三十年里,它们已被人们重新评估,并且我也将再难找到,我

[①] 的里雅斯特(Trieste),意大利东北部靠近斯洛文尼亚边境的港口城市。——译者注

就会想起它们是如何从我手中错过的——三十年前，它们出现在贫民区的书摊上，一本才卖一里拉①，最多两里拉。我说的是德国人的或者奥地利海军军官的文学作品。如果在意大利，就不是这种情况了——书摊上一定会堆满了卡尔杜齐、帕斯科利、丹农齐奥和塞姆·贝内利，上面还堆着赞比尼和其他劣作。"

正如我们所知，当时意大利正处于法西斯统治之下，很多书被禁掉了，另一些书却得以横行霸道（它们没被禁是因为有人想让它们出版）。朱利奥·埃诺迪就成长在那样一个时代，成长于一个精英知识分子家庭（埃莱娜·克罗切也曾经在《自命不凡的自由主义者》②中记述过这一点）。年轻的埃诺迪不是一个读书人，也不需要成为读书人——因为他不需要深入理解某一方面的知识。但是，出于天资，他能够很好地利用他们精英那种与生俱来的古怪性格之一：找到并认出那些"有价值"的人（他们那时候就是这样说的）。他骨子里还有一种与生俱来的优雅，那是俊美外形才能拥有的无形魔力（我永远都记得这件事：伟大的文献学家、文学评论家詹弗兰科·孔蒂尼有一天在佛罗伦萨的席博书店看到了自己的作品集《杂选》③，满心欢喜地翻着书页，他描述这本书"手感精致"）。所以，朱利奥·埃诺迪开了一家出版社。没过多久，这家具有独特风格的出版社就成了同行中的佼佼者。我并不是说当时的意大利是

---

① 意大利里拉（lira），是意大利（意大利坎波内除外）在 1861 年至 2002 年的货币单位，现被欧元所取代。——译者注
② 原文为意大利语 Lo snobismo liberale。——译者注
③ 原文为意大利语 Varianti。——译者注

一片出版业的荒漠。贝内戴托·克罗齐推荐给拉泰尔扎的书水平都很高——那是蒙达多里出版的"美杜莎"系列丛书中的头几本，质量都相当出色。《新意大利史学思想》[①]作品集中涵盖了几位杰出学者的重要作品，包括米哈伊尔·罗斯托夫采夫、沃尔特·F·奥托、维尔纳·耶格以及尤利乌斯·冯施洛塞尔等人，其中有一些作品还没有被翻译到国外去。但是，在那段时间里放眼看向意大利的书摊，一定会让人垂头丧气——那是一幅头脑和身体都很单调的图景。真正的欧洲在其他的地方。真正的意大利读者每个月都急切地看向国外，等着伽利玛而不是意大利出版社出的新书。

在一种严格而激进的职业使命感的驱动下，朱利奥·埃诺迪很可能在不了解出版的情况下就开始了这项事业。二战结束没过几年，他这种与众不同的气质就已经很明显了，他甚至用另一种方式诠释了这种气质。事实上，那时他一定被出版人的形象冲击到了——出版人就像首席教师或者君主一样，按照自己开明的审美观选择一些事物，把文化一点一点润物无声地授予（法语：octroyée）人们。这当然是一个极好的机会。经过了二十年的法西斯统治之后，所有事情似乎都要做一遍，或者说重新做一遍。另一方面，那些软弱、顽固又精明的基督教民主党人已经让众人都知道，他们想要的就是闷声而持久地掌握政治和经济上的绝对权力。他们可以让左派掌管文化——毕竟，他们不适合做这些事，这些事也不会吸引他们。他们甚至放任电影院自由发展，却总是

[①] 原文为意大利语 La Nuova Italia's Il Pensiero Storico。——编者注

乐于关注领口的大小。不过毫无疑问，当电视出现的时候他们就上了电视——这简直就是为他们量身打造的。

朱利奥·埃诺迪比任何人都明白这些。如果每一个出版人最后都不可避免成为独裁者或者"情圣"（这是埃里希·林德的定义，他认识所有的出版人），可以说意大利在战后那几年里就像一处乐园①。就朱利奥·埃诺迪而言，独裁者认为他的天职就是教育和感化所有左派人士，尤其是从小学到大学各个级别的教师——虽然他们自己的书目又多又杂，但是他们依然是出版社最大的衣食父母；而"情圣"这点是说，成百上千位以前没人接触过、也不知道怎么去接触的作家都等着被他"勾引"。有的时候，像波兰历史学家或者俄国符号学家这样的伴舞演员②也是有机会上场的。从贝内戴托·克罗齐去世直到二十世纪八十年代末，朱利奥·埃诺迪都是意大利文化生活中最有影响力的人物。在他死后出于虔诚而举办的铺张展览中，我不认为其中任何人做出了这种最基本的评价。所以有一天，有些人就做出了合情合理的反应——谈到了埃诺迪的"独裁"与"霸权"。这种用词，还真是笨拙又不恰当呢。根本就没有说到点子上。不管在什么时候，意大利总是有很多从来没有被什么"霸权"吓倒的怪人。我觉得这至多不过是一种无声的主导，一种微妙的催眠罢了。这种意大利

---

① 原文为拉丁语 hortus deliciarum。——译者注
② 原文为法语 corps de ballet。——译者注

人与生俱来的热情比出版社里的统治欲望[①]强大多了。这种在纪念仪式上看到的怪现象，诡异地和这一切联系了起来：对朱利奥·埃诺迪的虔诚哀悼往往会被一长串他所谓的缺点抵消，最突出的就是反复无常、总是有让各位共事者对立起来的能力、彻头彻尾的花花公子、目中无人、与生俱来的倨傲、轻率鲁莽等。但是，我认为，正是这些特点让出版社的魅力如此持久。各种各样的人都和朱利奥·埃诺迪合作过：其中有些人相当引人注目（而且很少听从埃诺迪），还有些人则是对质量充耳不闻。如果他们中的一些人能够自由选择出版自己最喜欢的书，我想最终出来的结果一定糟糕透顶，而且出版社这种形式也会非常惨淡。但是，那不是朱利奥·埃诺迪本人亲自说的吗？——出版社是做出"集体决定"的"集体企业"，是"研究实验室"，是一直生产"工具"的工作坊，甚至是一种"公共服务"。没错，但是这些话往往是讲给凡人听的宽慰之语——众所周知，那些爱操心人民大众的教育者们从来不希望让那些被忽视的人太过不安（可能他们自己最后也相信了这些他们在每一场会议、每一次采访中重复的肤浅的话）。幸运的是，日复一日的出版实践是完全不一样的：到最后，唯一一个有能力准确辨别一本书是不是"埃诺迪的书"的就是朱利奥·埃诺迪本人。一本书被朱利奥·埃诺迪出版之前所要通过的最后一道秘密工序可能会在判断上导致大量重复的错误，但矛盾的是，这又进一步以某种方式赋予了出版社与众不同

[①] 原文为意大利语 libido dominandi。——译者注

的形象——这种评论时至今日依然有意义，有时候出版社（尤其是大出版社）似乎总是想要出那种毫无章法的系列丛书，让人能够在里面找到各种东西，却把重点放在了最糟糕的部分。

我想要向一位伟大的出版人致敬，在他的全盛时期，世界上只有一个人能够与之匹敌——彼得·祖尔坎普。我在这里并不想说我感觉迷失在他的书目里了。我只能指出，对我来说，失去的是很大部分的精华。但是，这个问题太长也太复杂，单是说它就要写一部小书。这本身就已经表明了埃诺迪有多重要，甚至对一些激烈反对他的人来说也是如此。在这里，我想用一个小故事来完结这部分。可能埃诺迪最"野"（也最危险）的野心就是《百科全书》项目了。第一册出来的时候，我记得我的一个朋友说："这是苏维埃制度最后的纪念碑。"我觉得他是对的——不是因为出版的这些文本本身有一种苏维埃的风格（一点那种风格也没有，相反，行文相当精妙复杂），而是因为作品中提供规范我们日常思考方式的"正确版本"，与苏维埃式的呈现方式不谋而合（虽然这种呈现方式明显是多维的、元学科的、五花八门的、有问题的、横向的，就像那个时代需要的风气一样）。

现在我来讲那个小故事了，《埃诺迪百科全书》的编辑之一有一天邀请我写"身体"这个词条。我告诉他，我感觉很荣幸，也很百感交集，并下意识地问他谁来写"灵魂"这个词条。"我们不打算写这个词条。"他立刻回答，好像我问了什么不该问的问题。那时候我就意识到，我们的意见永远不可能一致。

卢恰诺·福阿

我一直好奇,除了卢恰诺·福阿以外,我是否认识其他人像他这么难以形容。深思熟虑之后,我终于得出了结论——没有。虽然福阿这个人和蔼得无可挑剔,但是他待人接物以及表达自己的方式却很令人生畏。他长得很像一个蹲着的埃及抄写员,两腿之间夹着抄写本,目不转睛地盯着前方。和抄写员一样,他知道自己的工作是以最大的准确性传播值得纪念的东西,不管那是一系列法律条文还是宗教仪轨文本——不多一分,也不少一笔。他只对底层人和事的基础(如果有的话)感兴趣,喜欢一点一点地探触到那里,谨慎而执着。他也是这样一层一层地展露自己的。我二十一岁时认识了他,那时的我年少轻狂,不可一世。我花了些时间才意识到这最后一个特点。一旦发现了这个特点,就给予我无穷无尽的慰藉和内心的安宁。

四十多年来,我从未听说过福阿说过什么浮夸或者激烈的话。当我们在房间里谈话,无论门外正在发生什么——我想,经年累月,我们肯定像这样花费了数千个小时——我十分确信,福阿从未卷入其中。我得说,二十世纪六七十年代,对我们来说是最有风险的年代，也是最令人激动的年代——在那段时间里，每天都有大把的机会——政治的、文学的、宗教的、编辑的还有心理学的。对卢恰诺来说，和埃诺迪一起工作的十年是很重要的，我觉得他在那里得到了埃诺迪出版社所能提供的最好的东西。人生中的这段时间也让他一劳永逸地决定了他不想要什么、不喜欢什么。从一开始，阿德尔菲出版社就和别家出版社迥然不同。在我们中间，从来不谈论什么"项目""制度""计划"或者"方针"——甚至连"编辑政策"都没有。我们的共识建立在心照不宣的了解之上，这种了解就像滋养了我们的思想和选择的地下湖一样。虽然我们谈得不多，但我们总是谈论风吹的方向，之后也会谈些我们两人都感兴趣的事情：整理出将要出版的书籍中的细节。福阿经常恪守的一条黄金准则是：在一家出版社或者一本书里，没有东西是完全无关的，没有东西是不值得充分考虑的。如果很多读者都发现阿德尔菲出的书有一种别家出版社完全没有的气质，我想主要就是因为这一点了——与西蒙娜·薇依[①]对文化的定义有异曲同工之妙："对兴趣的教育"。除此之外，我没见过任何比这更加短小精悍又有说服力的定义了。

我对福阿最鲜明的记忆，是在阿德尔菲出版社在米兰的莫里吉大街的第一个办公地点，那里宽敞又安静，他坐在一张桌子旁边——他当时做的事情会让一些人很高兴去做。当时卢恰诺正

[①] 西蒙娜·薇依（Simone Weil, 1909—1943），犹太人，神秘主义者、宗教思想家和社会活动家，深刻地影响着战后的欧洲思潮。——译者注

在重读和编辑由乔治·多尔菲尼给阿德尔菲出版社准备的格奥尔格·毕希纳①剧作精彩译本。我记得我们充分地讨论了《雷昂采与雷娜》中的一点——"幻想"②吻上了一个年轻女孩的嘴唇。当时阿德尔菲出版社还没有成立多长时间,我热切地盼望可以做的事情多一些,但是那天我也学会理解对那些即将出版的书里每一个词进行仔细检查的重要性。

卢恰诺没有那种在出版界看起来似乎很重要的东西——极为广泛的好奇心。被他称赞的作家只有寥寥几位,而且经过这么多年都很难再有人对他的胃口。在他看来(也就是他的口味),光芒最为耀眼的就那么几位:司汤达、卡夫卡、歌德、约瑟夫·罗特和罗伯特·瓦尔泽。他明确称赞过的还有很多其他作家,但在这些作家以及他私藏的那些作家里,他见过很多重要性和兴趣不尽相同的人物,他们的生活方式和罗伯托·巴兹伦完全不同,而他感受到了这种不同。他明确选择赞同巴兹伦、罗特和瓦尔泽。

福阿总是愿意去理解和寻找日常生活中的共同点。他对那些自己极力称赞的人表现得非常关切,比如乔治·科利、塞尔吉奥·索尔米和马齐诺·蒙蒂纳里等。像埃里希·林德、西尔维奥·莱奥纳尔迪以及阿尔贝托·泽维这样八竿子打不着的人,福

---

① 指卡尔·格奥尔格·毕希纳(Karl Georg Büchner, 1813—1837),德国剧作家、革命家。——译者注
② 原文为德语 phantasieren。——译者注

阿也与他们有着深厚的友谊——他们直到最后都和阿德尔菲出版社以及卢恰诺本人保持着紧密的联系。

福阿的伟大之处，在需要做决定的艰难时刻显得尤为明显。在对待某些显眼的人和作品时，他的方法可能有些多疑，甚至不那么耐心，但是四十多年的时间里，我没见过他被一件不重要的事情或者一个不重要的人难倒。他有一种极为出色的能力，去发现那些关于人和事的错误注释——那些评注我们经常会遇到。对于他这种精通而熟练的驾驭，我们欠他太多感激。如果我问他是什么给了他这种果敢的远见和判断力——这里我指的是他否定性的判断力，因为在得到一个肯定性的结论之前，福阿总是持一种开放的观点，而且能拖多久就拖多久——如果我问他这种高度熟练的个人平衡中哪一方面与之相关，我想我只能想起可能是福阿的秘密和近乎强迫症似的特质：优雅（恩典），这个神学意义上的词可以包容其他一切意义。我们傍晚出去或者见面的时候，他经常和他深爱的妻子米米娜在一起（这是一个为他的生活增光添彩的女人），有时候也和一群志同道合的朋友在一起——有无数次，我都看到卢恰诺没有被我们那天傍晚讨论的事情影响，还是全神贯注地保持着"优雅"，这在任何谈话中都是很少见的。这个词对他来说比任何词都重要——比想法、才华甚至是天赋都重要。这种真实、关键、极度模糊且与众不同的因素藏在存在或虚无之中，显示出优雅这一特征。在深深影响他的神学之中，这只是一部分。这种令人难以理解的独特思考方式，应该足以理解福阿是如何在他长大并全情投入的这个世界中鹤立鸡群的。这应该可以让我们理解，如此稀少而开明的品质随着他的去世也消失了。希望他的记忆得以留存，也希望福阿献给阿德尔菲的智慧和热情能够传递给我们。

罗杰·斯特劳斯

很容易想象,我们所有人都在法兰克福国际书展期间的晚饭上,一起分享我们要向罗杰表示感激的原因。那些很私人、很秘密的原因,我就不说了,但其中有一个特别的原因,我很想说几句——因为这个原因,我们所有人都要感谢他。事实上,罗杰(而不是其他人)帮助我们解决了下面这个问题中的谜团:为什么出版业如此令人愉悦?我真的不认为这是一个大众关注的问题。我也真的不觉得外面的世界里会有多少人问这个问题。有些人可能会想,只有受到相同问题困扰的人才会问出这个问题。确实有人有意无意地被这个问题纠缠着。是谁呢?就是出版人自己。说实话,为什么有人成了出版人呢?出版史已经为我们充分证明——当然不是为了钱;也不是为了权力的乐趣,因为出版人所拥有的权力都是稍纵即逝又难以捉摸的,这种权力连一个季节都撑不过。还有,我希望没有人想到"文化"这个词,因为出于礼貌,这个词是不应该被提起来的——至少在受过教育的人中间不应该。

所以，除了愉悦之外还剩下什么呢？我们可能没有去想，只是在法兰克福国际书展上看着很多同事脸上的表情。但是，只要与罗杰有关的人，就一定会相信这一点。只要和他一起待上五分钟就能明白，如果一个出版人的工作中没有时时洋溢着笑声，那就一定是出了什么问题。所以，如果我们作为出版人的生活中很少有听到笑声的机会，那一定意味着不够严肃。其实罗杰是一个很严肃的出版人。对他来说，书籍、作家和出版人都是被一根故事的黄金链串联起来的。当我们在这一系列故事里找到自己，时不时地大笑或者微笑是一种好的表示——这和那些相当阴暗的故事本身形成了鲜明的对比。因此，一个出版人的生活就贡献给一大串口头故事了，而且还冒着一旦这个链条断裂，故事就会失传的风险。在罗杰身上，我们知道没有什么好怕的，因为有一个人安稳地掌握着他故事宝库的核心：佩姬·米勒。我很确定乔纳森·加拉西会追随这种传统，不亚于出版社里的其他人。罗杰这个人很有吸引力，他是这些故事严厉又可靠的守护者，有点像乔治·卡特林[①]画笔下的几个伟大的印第安酋长之一——也就是波德莱尔认为的花花公子的原型。当我在办公桌前和法兰克福国际书展的摊位前看到他，或者在联合广场咖啡馆看见他和面前那一杯马提尼酒的时候，就会想到这种事情——他用那种令人难以抗拒的慵懒嗓音讲着故事，这些故事让我们学到了无数从别处学不

[①] 乔治·卡特林（George Catlin，1796—1872），美国画家、作家、旅行家。——译者注

来的宝贵经验。作为出版人,我们最希望的莫过于遵循这种先例,试着成为罗杰多年来在出版界传播的快乐中的一分子。如果我们必须要遵守一条规则,至少可以像约瑟夫·布罗茨基[1](他是我们之间最紧密的联系之一)跟我们谈论罗杰时说的那样:"不管什么时候拿不准主意,他总是选择最宽宏大量的那个方法。"

当一个出版人去世的时候,他的名字总会和他负责的作家们一起出现在报纸上,好像他们都是一块块奖牌一样。而罗杰呢,我相信那些优秀的作家看到他们的名字和作品标题后面跟着"罗杰·斯特劳斯出版"这几个简单的字,一定也会很骄傲。

---

[1] 约瑟夫·布罗茨基(Joseph Brodsky,1940—1996),苏联出生的美籍犹太裔诗人,1987 年诺贝尔文学奖获得者。——译者注

彼得·祖尔坎普

今天的历史学家们,总是急不可耐地献身于研究一些尘封多年的东西(但这是相当错误的),为历史"正本清源":时尚和食物、礼仪和农机具等。但是,也有很难鉴别的研究对象,也许是因为它们太过明显,数量众多而且大而无当,甚至没被注意到。

其中一个例子是:除了个别情况,二十世纪那么多的文学史和文化史竟然没提到过出版人和出版社在过去的一百多年里是如何假装成这种浮夸、多头又冷酷无情的文雅形式。最近八十年的出版史,比那些运动和宣言出的无聊小册子更有用、更发人深省——那些小册子总是充斥着与重点无关的内容,不知疲倦地向你解释:"表现主义"就是哭泣,"超现实主义"就是梦境,"达达主义"就是荒谬。

那么在二十世纪早期这种怪异的大环境下,哪位出版人是最先开始成型的呢?一个知识分子和一个冒险家,一个实业家和一个暴君,一个骗子和一个隐形人,一个空想家和一个记账员,一个手艺人和一个政客。出版人就像阿尔弗雷德·瓦莱特①那样——他声称自己从未读过他在法国美居酒店的小房间里出版的书籍,说自己只知道怎么记厨房的账本,但是他的"账本"上却有阿尔弗雷德·雅里②、保罗·莱奥托③、马塞尔·施沃布④、雷米·德·古尔蒙⑤、莱昂·布卢瓦⑥和保罗·瓦莱里⑦。

他有点像库尔特·沃尔夫——卡尔·克劳斯称他为"贵族青年"——只在几年时间里就出版了弗朗茨·卡夫卡、戈特弗里德·贝恩、罗伯特·瓦尔泽以及格奥尔格·特拉克尔这样的新人(或者近似新人)作家的作品。他也有点像加斯东·伽利玛,从经营文学期刊的团体起家,高傲地怠慢读者,他们的白色封面上有细细的两条红线和一条黑线,他最后创立了印刷品领域的"东印度公司"。

在这些人中,比他出版的那些小说中的角色更加具有冒险精

---

① 阿尔弗雷德·瓦莱特(Alfred Vallette, 1858—1935),法国作家。——译者注
② 阿尔弗雷德·雅里(Alfred Jarry, 1873—1907),法国象征主义作家,其戏剧内容怪诞、形式洗练、手法夸张,影响了后来的先锋派和荒诞派戏剧。——译者注
③ 保罗·莱奥托(Paul Léautaud, 1872—1956),法国作家、戏剧评论家。——译者注
④ 马塞尔·施沃布(Marcel Schwob, 1867—1905),法国象征主义作家。——译者注
⑤ 雷米·德·古尔蒙(Remy de Gourmont, 1858—1915),法国象征主义诗人、小说家、文学评论家。——译者注
⑥ 莱昂·布卢瓦(Léon Bloy, 1846—1917),法国作家、改革主义者。——译者注
⑦ 保罗·瓦莱里(Paul Valéry, 1871—1945),法国象征主义作家、诗人。——译者注

神的就是彼得·祖尔坎普：他是最后一位具有特别血统的人，也是他们之中唯一一位在二战之后创立了出版社的。

他来自德国北部一个老派的农民和手艺人家庭，而他的作品很重要的一个特征就是"精雕细琢"——对他来说，最重要的就是把一大批打印文稿"翻译"成一本书的艺术。祖尔坎普是这样一个人：包括他最亲密的朋友和同事在内，没有一个人真正了解他。某种程度上，每个人都有一种碰上硬茬的印象——叫人看不透，坚如磐石又多愁善感。他是后来由贝托尔特·布莱希特①介绍才做出版行业的。在纳粹统治期间，他不可思议地保护了1886年由萨穆埃尔·菲舍尔创办的德国最有名望的出版社不受来自各方面的干扰。但是，纳粹领导人对他的怒火日益加深，最后终于爆发：他被抓进了集中营，虽然活着出来，但健康严重受损。

经历重重劫难之后，在1950年，已经五十九岁的他创办了以自己名字命名的出版社：当时赫尔曼·黑塞和布莱希特是他出版社的两个大牌作家——他们两人本来是合不来的，但是祖尔坎普却算是他们的朋友和仰慕者——这已经把他无法诠释的特殊生活方式告诉了我们。1950—1959年期间，他一直不断地努力工作（虽然中间经常被去诊所检查打断），清晰地建立了新出版社的框架。奇怪的是，他有着他自己称为"精英"的计划，没有任何负罪感，建立了他负责的那几位作家日后成功享誉世界的基础：不

---

① 贝托尔特·布莱希特（Bertolt Brecht, 1898—1956），德国戏剧家、诗人。——译者注

光是布莱希特和黑塞,还有西奥多·阿多诺[①]、瓦尔特·本雅明[②]以及恩斯特·布洛赫[③]。

本雅明作品最有名的一个版本在1955年出版,编辑是阿多诺,祖尔坎普非常冷静,想知道这两册书在德国会不会有很多读者。事实上,在书出来的第一年,全部书店只卖了二百四十本。祖尔坎普的远见还体现在对继任者的选择上:他选择了西格弗里德·翁泽尔德,这是一个与他截然不同的人,但是对创立者留下来的做事方式,却忠诚得近乎固执。

所以,在二十五年之后,乔治·斯坦纳所描述的"祖尔坎普文化"最终形成了。在这种文化里,我们基本能找到德国战后最好的批判文学。今时今日,这种文学很难有立足之地:在阿多诺去世之后,法兰克福学派就成了对它的滑稽模仿,苟延残喘。像托马斯·伯恩哈德这样的奥地利作家的惊喜之作,近来也很少听说了——他遵循的那种传统,有很多方面都和德国不一样。但是,对那些有朝一日可能会研究二十世纪下半叶(这是一个苦难而又伟大的时代)德国文学的人来说,彼得·祖尔坎普创办的那家出版社的书目,是他们最好的向导。

[①] 西奥多·阿多诺(Theodor Adorno,1903—1969),德国社会学家、哲学家、音乐家以及作曲家。——译者注
[②] 瓦尔特·本雅明(Walter Benjamin,1892—1940),德国哲学家、文化评论家、折衷主义思想家。——译者注
[③] 恩斯特·布洛赫(Ernst Bloch,1885—1977),德国马克思主义哲学家。——译者注

弗拉基米尔·迪米特里耶维奇

我是在二十世纪七十年代初的法兰克福国际书展上认识弗拉基米尔·迪米特里耶维奇的。我们都见识过对书展的尖锐批评——说这是语言混乱的最糟例子,这是将文化降格为商业行为。我从未认同过这种观点。相反,我相当享受书展嘈杂的一面,对我来说,金钱和书籍乃至文学之间的关系至少也值得关注。但是,为法兰克福国际书展辩护的主要原因——也就是那个对我来说胜过一切争论的原因,就是我在那里认识了弗拉基米尔·迪米特里耶维奇。在那之前我只知道关于人类时代出版社的一件事情,也就是:不管什么时候看到一个来自斯拉夫世界的作家,我很快就能够注意到他的作品被人类时代出版社出版或者称赞过,而我听说,在这个出版社名字的后面,有一位迪米特里耶维奇先生。

我见到他的时候,很快就感觉到了久违的奇怪之处:我和他之间有同病相怜的遭遇,但却不知道原因,也不知道是哪一处相似。我们开始谈论书籍,讨论了很长时间。我觉得事情就这样自然而然地发生了,因为我们都有一个信条:我们俩都认为,只要一谈论书,人就会进入一个广阔、光明又自由的境地,比谈论现实世界或者跟人有关的事情好得多。可能出版人之所以干这行，就是为了把这种关于书的谈话一直延续下去。迪米特里耶维奇与让-路易·库弗尔谈到了他在贝尔格莱德度过的少年时代。当我读到这些扣人心弦的谈话时，我发现了那种狂热，那种培养了出版人浓厚耐心的秘而不宣的热情。在他们的谈话中，迪米特里耶维奇用两个词描述了出版人的工作：摆渡人和园丁。这两个词在门外汉听来，可能会觉得像是我们在谦虚。相反，我觉得这两个词显露了最强的野心。摆渡人和园丁的工作都是基于已经存在的东西：一座等着开垦的花园，或者一位等着过河的旅人。但是，我们说的"创造力"，往往包含一些先前存在的东西。每一位作家的内心，都有一座等着开垦的花园，或者一位等着过河的旅人：没有更多了。否则，他将会陷入那无趣得多的东西——他的自我中心。迪米特里耶维奇用的这两个词可不仅仅是指最强的野心。对我来说，它们也是古老梦境的显现。我觉得，如果一个人对天堂没有想象，那么要当一个伟大的出版人是很困难的。天堂——不管是什么样子——都是一个有水流的花园。但是，这种想象必须隐藏得很好。我欣赏迪米特里耶维奇的一点，就是"能见"和"不见"的关系。比如，在他身上，"能见"就是我称为"对障碍的狂热"的东西。在克服了一些基本障碍之后，迪米特里耶维奇才从事了出版行业——比如把手稿从出版社办公室传递到印刷机，再从印刷机传递到书店，最后从书店传递到某人心里。迪米特里耶维奇在所有这些领域里都是专家。正是出于这个原因，他渐渐积累了一种自己的玄学，成为他日后"对障碍的狂热"的基础。我想将其称为"海关邮政"的玄学。因此，开着一辆小面包车的迪米特里耶维奇成了最特立独行也最具有实干精神的出版人——我最钦佩的就是他把这两种看似风马牛不相及的特性完美地融合到了一起。这一切都将他放在了一个长期失衡的境地，与我们身边的万事万物都有关联：这种失衡，迪米特里耶维奇找了很久，最后终于找到了。其实，如果我们想想迪米特里耶维奇最喜欢、并带着很大热情出版的作家作品，就会豁然开朗——与它们周遭的事物相比，这些书里的东西不是过大就是过小：一切都拥有无穷无尽的灵魂。它们很像查尔斯-阿尔贝特·辛格利亚，也很像罗伯特·瓦尔泽，太过小心谨慎，因此很难注意到：用迪米特里耶维奇的话说，这些瑞士人是知道如何做到"不声张地消失"的最好例子。或者，它们也会像斯坦尼斯瓦夫·维特基维茨[1]、亚历山大·季诺维也夫[2]、阿尔贝特·卡拉科[3]、安德烈·别雷[4]或者米洛什·茨尔年斯基[5]那样：他们总是有种超脱的气质，

---

[1] 斯坦尼斯瓦夫·维特基维茨（Stanisław Witkiewicz, 1851—1915），波兰画家、建筑家、作家、艺术理论家。——译者注
[2] 亚历山大·季诺维也夫（Aleksandr Zinovyev, 1922—2006），俄国逻辑学家、社会理论作家。——译者注
[3] 阿尔贝特·卡拉科（Albert Caraco, 1919—1971），法国-乌拉圭犹太裔哲学家、散文作家、诗人。——译者注
[4] 安德烈·别雷（Andrei Bely, 1880—1934），俄国小说家、诗人、理论家、文学评论家。——译者注
[5] 米洛什·茨尔年斯基（Miloš Crnjanski, 1893—1977），塞尔维亚诗人、作家、外交家。——译者注

总是超出现实的束缚。不管他们彼此之间有多大的差异,这些作家能够共同聚集到迪米特里耶维奇的屋檐下,绝不是巧合。

不管有意无意,每一个真正的出版人都会做出这样一本书——这本书包含了他出版过的所有书。迪米特里耶维奇的书将是极为浩瀚的,拥有一种能够玩弄形式的力量,被一种对部落的绝对忠诚聚集在一起,那个部落却不再拥有领地。我觉得,正是这一点增添了能够赋予出版社形式的一致性,正是这一点使迪米特里耶维奇遇到了对他和他的出版社来说很重要的人——比如他妻子热纳维耶芙,比如克劳德·弗罗肖。从贝尔格莱德到洛桑,迪米特里耶维奇完成了一次你能想到的最长的旅行,一次不可能衡量的冒险,而且只能由后期的约瑟夫·康拉德[①]再现出来。每次我发现自己在面对出版界冒险经历足以写成传奇的其他人时,我总会想起这些。所以,多年以来,我对迪米特里耶维奇的第一印象(就是在法兰克福国际书展的摊位上见到的那次)渐渐也说得通了——一方面,我们身边有几百位出版人;但是另一方面,却只有一位——就是他,既是摆渡人又是野蛮人(他经常这么说自己)的迪米特里耶维奇。这个男人怀揣十二美元来到瑞士,因为不懂法语,就用英语问了洛桑帕约书店的书商第一个问题:"阿米尔是谁?"迪米特里耶维奇没有说、但我们都知道的事情

[①] 约瑟夫·康拉德(Joseph Conrad, 1857 — 1924),生于波兰的英国小说家,被誉为现代主义的先驱。——译者注

是：亨利-弗雷德里克·阿米尔①《私人日记》第一个精校本在几年之后就被人类时代出版社出版了。

所以我发现，迪米特里耶维奇这种对不平衡的偏好，对打破其他很多人那种过于稳定、过于沉闷的平衡来说，是很必要的。不管对他还是对我们所有人，我都希望这种对不平衡的偏好都能一直保留下去。

---

① 亨利-弗雷德里克·阿米尔（Henri-Frédéric Amiel，1821—1881），瑞士伦理学家、诗人、文学评论家。——译者注

第四章

出版人应该取悦谁？

如今，出版界内有一种非常激烈的矛盾。一方面，人人都想当出版人。如果卖炸薯条的能够自称为"出版人"，他一定愿意这么做。这个头衔天生带有一种命运和声望的味道，似乎有了这个头衔就比单纯卖薯条好那么一点。另一方面，经常有人带着火药味指责出版人这个角色就是多余的。他们认为在未来，出版人就是一种返祖现象，一个退化的器官，或者是某些阶段在历史背景中存在的原因。对个人出版的争论始终都没完没了，就是因为这个观点。

那么，这种奇怪的现象是什么时候开始的（毕竟出现还没有多长时间），又是怎么开始的呢？这个世界对信息技术的狂热已经到了白热化阶段。这种狂热的主要信条就是能够迅速得到任何一种东西。平板电脑或者其他什么设备对人们承诺，任何东西都是可以得到的（"得到"的字面意思是，只要轻轻一碰就可以召唤东西）。但不仅仅是这些：这些事情必须在最小的面积上完成，只能有几平方厘米那么大。这样，这个设备就越来越像二维的"影子头脑"，不如黏液质的人类大脑稳定。

面对这样日渐广阔的光明前景，出版人似乎只能成为一块悲伤的绊脚石、一个人们觉得不再需要的媒介，因为现在人人都渴求立即获取某样东西。关键词是即时性。同样，卢梭所说的"普遍意志"到最后会让众多媒介机构变得毫无用处（如果可能的话，会把它们一起清除掉，以防止某种不利影响）；同样地，信息技术的目标也是一种情境——以乌托邦的视角来看，在这种情境下，万事万物都是相连的，结果就是人人都能宣称自己在"事物的秩序"[①]中做了贡献。这不过是在拙劣模仿由"系缚"（吠陀经典里提到的"联系"）组成的古代世界。这将会实践雷内·格农[②]以"反入会"[③]之名预见到的东西。不管这样的世界是否合理，对大多数人来说，这似乎都不是一个迫在眉睫的问题，所以这种问题就只能在脱口秀里寻得一席之地，最后慢慢消失。但是，对微型化以及信息技术功能发展的需求比以往任何时候都要迫切，似乎这种源源不绝的动力，已经成了那些埃及祭司们口中"不变的完美"的倒影——他们告诉希罗多德，"埃及的一切事物将会保持不变"长达一万一千三百四十年。

这个动荡的过程像"知识云"一样围绕着我们——就如同"无知云"的倒影一样——那些伟大、神秘而又不知名的英语作家创造了这些文字的头衔（同时，"云"这个字也是受到数字化

---

① 原文为拉丁语 ordo rerum。——译者注
② 雷内·格农（René Guénon，1886—1951），法国哲学家和隐微论（esotericism）者，传统主义学派的主要奠基人。——译者注
③ 原文为法语 contre-initiation。——译者注

狂热者们偏爱的）。真有永久存留的东西吗？我们是不是在目睹已有事物的扩张和强化过程？这个探究的过程可能很长，而结果往往不是决定性的。如果我们把范围限定在出版行业，就可以肯定地说，有一个因素是"知识云"（更准确地说是"信息云"，虽然信息与知识的界限已经越来越模糊了）所离不开的：那就是判断力，也就是判断"是"与"否"的能力。但是，判断力也是一个职业出版人的基本组成元素——出版人是一种奇怪的内容生产者，不需要工厂，甚至可能把自己的管理结构减到最小。他总是有一种不可否认的特权：那就是执掌一份作品原稿的生杀大权，以及决定用何种形式来呈现这部作品。如果判断力能够被轻易省去，就会更加适用于这种形式，关于形式的讨论很快就会变得没有意义。如果封面现在只能在实体（这又是一个明明属于自发形而上学的术语，现在也被广泛使用了）书上存在，那么谈论它们的意义是什么呢？除了"卖得好"和"卖得不好"以外，对一个书籍封面还有什么好说的呢？对于"系列"这个过时的概念，又有什么好说的呢？对于"书页"这个词来说，现在已经不仅仅限制在实体书里了，而是越来越像一种中立、标准的元素。那么与书一同出现的宣传文本呢？这些话里渐渐有了很多溢美之词以及不多不少的诱惑——虽然这种诱惑的作用没有以前那么大。

当这一切发生的时候，好的出版人该怎么继续运作下去呢？

只要读一读福楼拜和龚古尔兄弟①以及他们的出版人米歇尔·莱维从 1860 年左右开始的通信，就能够理解，那个时候作家和出版人所要谈论的问题，和今天并无两样：首先是合同（在合同里，出版人和作家轮流唱白脸），然后校对文稿，草草宣传，讨论书店陈列，试着获取书评，缓慢印刷，对奖项的看法（接受或者拒绝）以及公众的长期冷漠，等等。虽然书籍的大小和数量改变了（不过改变幅度也不大），但是这些出版生态的特点一点儿都没变。如果笛卡尔的《方法论》当时印了两千本，一家美国大学的出版社在今天就可能印一千八百本。就算在大一些的市场里，做高印数的白日梦也是没有意义的。今天，如果某本书卖出了一万本，"出版人就已经很高兴了。"（这是桑尼·梅塔在谈话中说的）那最重要的区别是什么呢？当然还是判断力。对一本书质量好坏的看法，已经渐渐成了一种转瞬即逝的次要因素。那本书好还是不好？它还与什么有关系？这本书酷不酷？它很时髦还是过时了？有电子书版本吗？作者旅行吗？他在电视上看起来是什么样子？这些才是有分量的问题。讨论一本书的美与丑似乎显得有些不合时宜而且格格不入。出版社里会发生这样的事，因为它也肆意发生在世界的精神领域里。不管在世界的哪个角落，如果一群彼此之间不怎么了解的人讨论起书籍，很快就会转化成关于书籍格式（电子书或者实体书）、出版行业的经济前景（毕竟人

---

① 指十九世纪法国作家爱德蒙·德·龚古尔（Edmond de Goncourt, 1822—1896）和其弟儒勒·德·龚古尔（Jules de Goncourt, 1830—1870）。——译者注

人都十分关心这一点）或者阅读书籍的最佳技术的讨论。这种讨论很少落到某一本书或者某一个作家上面。现在在电影院年复一年地出产一堆每个人都需要知道的电影（至少是口头上知道），而书籍方面却远远没有如此盛况。一个又一个世纪过去了，一个显著的事实依旧是：大部分在本国很有名的作家，在邻国却完全不知名。就质量而言，这样的论据是很难站住脚的。太令人费解了。关于单独一本书的知识往往是不存在的。对话最后往往发展成为随意排列的信息碎片，但很快就让大家都感到宽慰的是，谈话重点又回到支持或者反对电子书的讨论上去了。

那么留给出版人做的还有什么呢？仍然还有一小撮人寻找着被无条件称为文学和思想的东西，寻找着能够深入研究的东西（当然，还是无条件的），寻找着真正有价值的东西（而不是一无是处的），寻找着和近年来站不住脚的流行不一样的东西。当有人问德彪西"音乐的目的是什么"时，他的回答就是取悦[1]。出版人大抵也要去取悦这一小撮人，提供给他们一个地点、一种形式，这些东西能够给予他们所求之物。这是一个今时今日更加困难的任务，不是因为缺少资源，而是因为视野被今天大量唾手可得的东西挡住了。而出版人自己也知道，就算完全失去这种视野，也不会有几个人注意到。

---

[1] 原文为法语 faire plaisir。——译者注

出版人的隐身

每一个想写二十世纪翻译史的人，都会发现这是一段有趣又复杂的历史，大事非常多，比十九世纪的出版史丰富多了。而在二十世纪的头十年，发生了最重要的新鲜事：出版社的概念，作为一种"形式"，作为唯一一种把各种意气相投的作品（虽然第一眼可能会觉得它们之间有分歧，甚至完全相反）聚到一起并按照某种明确而独特风格出版的地方。这种观点从来没有被明确表达过，因为似乎不那么必要——而这也是几个朋友碰头之后决定创办德国《岛屿》①杂志和法国《新法兰西评论》②杂志的指导思想。不久之后，因为安东·基彭贝格和加斯东·伽利玛各自的努力，与这两本杂志一起创立的还有两家有着相同轨迹的新出版社。在同一时期，相同的指导思想催生了很多不同的出版人——库尔特·沃尔夫、萨穆埃尔·菲舍尔、恩斯特·罗沃尔特、布鲁诺·卡西雷尔，后来在其他国家还有莱昂纳德·伍尔夫和弗吉尼亚·伍尔夫、阿尔弗雷德·克诺夫以及詹姆斯·劳克林，他们都有自己独特的方式，并不需

---

① 原文为德语 Die Insel。——译者注
② 原文为法语 La Nouvelle Revue Française。——译者注

要和一份杂志有联系。最后就是朱利奥·埃诺迪、热罗姆·兰东、彼得·祖尔坎普和西格弗里德·翁泽尔德。

我提到的头几位出版人都来自富裕的、受过教育的中产阶级家庭，他们的品位和态度大抵相同，干出版这行纯粹出于热情，而不对赚钱抱有任何幻想。不管在那时还是现在，通过做书来赚钱都是不靠谱的。众所周知，书籍做起来又困难又费钱——虽然它们价格合理，也很有用——对持续投资而言。这些机构的行业命运大有不同：一些像库尔特·沃尔夫一样的出版社，在经历了一段光辉岁月之后倒闭了；而像伽利玛一样的出版社则一直繁荣发展，坚守着自己的传统。这些出版社都发展出了各自鲜明的特征，不仅仅靠出版的作家和作品风格来区分，更是靠他们所拒绝的作家和作品风格来区分。这一点与我们今天看到的相反：我称之为"出版人的隐身"。如果我们把二十世纪的头十年和刚刚过去的十年做一个比较，我们很快就能看到两种截然不同的趋势。在二十世纪的头十年里，出版社作为"形式"的概念刚刚兴起——这个二十世纪的主流概念，有时候在特定国家、特定时段的特定文化中留下鲜明的印记（比如乔治·斯坦纳[1]在描述德国二十世纪六七十年代的"祖尔坎普文化"时提到的西格弗里德·翁泽尔德的祖尔坎普出版社[2]，以及意大利二十世纪五六十年

---

[1] 乔治·斯坦纳（George Steiner, 1929— ），在法国出生的美国文学评论家、散文作家、哲学家、小说家、教育家。——译者注

[2] 原文德语 Verlag。——译者注

代朱利奥·埃诺迪的出版文化)。

但是,在二十一世纪的头十年里,我们看到出版人之间的差异正在一步一步地模糊起来。今天那些精明的经纪人清楚地知道,很多人都在竞争同一本书,而那些脱颖而出的人能够笑到最后仅仅是因为他们买下了一本书,到最后才能看到这是赚钱还是赔钱的买卖。然后经过几个月以后,不管这本书是成功还是失败,人们都在谈论它,而它也会渐渐沉寂在存书目录的微光中:这一点点光只占小到无关紧要的地方,而在出版人想要争取的那些假想的购书者心中,这书也只占一点点分量。所有这些都可以在购置清单,尤其是书目里看到,书商们通过这些重要的东西得以看到这些书——就他们的语言、图像(包括作者的照片)、推荐卖点以及最近新加入的实体外观来说,这些书都是可以相互替代的。这样,任何人都很难确定一家出版社不能做什么,因为它没有被排除在外。值得注意的是,在美国,出版人的名字和标志变得越来越不起眼,甚至在书籍封面上完全看不到了,好像出版人不想表现得太过自负。有人认为,这是因为在书籍贸易方面发生过太多改变,而现在也一直在发生。这个无可争议的事实能够回答,就那些改变本身而言,它们并不能与我先前提到的——出版作为一种形式的传统相比较。事实上,今天不管在工业活动的哪个分支,备受尊崇的观念之一就是品牌观念。但是,只有在清楚、坚定和独特的选择之下才可能会有品牌一说。否则的话,品牌的力量就无法精进和发展。

我则有另外的担忧：生产环境的巨大改变可能会导致很多人错误地认为，出版的特定概念是二十世纪的特点，在文明的新千年已经过时。就算那些秉持着古老而持久观念的出版社的光辉岁月已经过去了一段时间，这也是非常草率而且没有根据的判断。另一个使人苦恼的现象是，人们根本就不理解质量和出版人工作的范围。2011年，两位伟大的出版人去世了：人类时代出版社的弗拉基米尔·迪米特里耶维奇和第欧根尼出版社的丹尼尔·克尔。在数千本书的书目里，我们可以找到他们工作的证明，这些书多年以来吸引了众多热心的年轻读者。报纸报道了他们的死讯，却很少提到这一点。比如，他们只说丹尼尔·克尔是"所负责作家的朋友"，似乎这不是一个出版人所必需的品质一样——而且，如果某些编辑因为对他们的作家非常负责而出名的话，这些话就一定会出现在他们的讣告里。但是，出版人和编辑之间还是有很大区别的。出版人是塑造了出版社大体形象的人。最重要的是，这个形象的优缺点记录了他，也评价了他。举一个更尴尬的例子：《法兰克福汇报》[①]称丹尼尔·克尔创造了介于"严肃文学"和"娱乐文学"之间的第三种可能，但对于克尔来说，文学品位的指路明灯是安东·契诃夫。我们应该把契诃夫也归入既不属于"严肃文学"也不属于"娱乐文学"的无人之境去吗（在第欧根尼出版社的例子里，这些作家还包括弗里德里

---

① 原文为德语 Frankfurter Allgemeine。——译者注

希·迪伦马特[①]、乔治·西默农和卡森·麦卡勒斯[②])？这是令人悲伤的怀疑：这些判断是一种不经意间的报复，是对丹尼尔·克尔在那一天想出的那句标语——"第欧根尼的书不那么无聊。"——的"秋后算账"，长期以来对这句话都有着无可挑剔的设想——只有质量能够打败无聊。但是，如果能够定义一种东西的质量被无视了——不管是一本书还是一家出版社，鉴于质量本身似乎越来越无关紧要，源源不绝的单调乏味之路已经开拓，唯一的刺激就是高科技、大印量、大销量以及天花乱坠的宣传所带来的"电击休克"——而越来越大量的书籍正在被退回，逃脱不了成为纸浆的命运，为造纸工业添砖加瓦。

最后，现在有一点似乎越来越清楚了——对信息技术来说，出版人就是一种桎梏，这种"中间人"的角色最好能够高高兴兴地自生自灭。更加严肃的怀疑是，现在一些出版人与技术合作的方式，正使自己显得多余。如果出版人不得不放弃自己作为一部作品的第一个读者和第一个诠释者的功能，就很难明白为什么出版人要在出版社里占得一席之地。依赖经纪人或者分销商要好得多。经纪人可能会对作品做出初步判断，决定是否接受这本书。曾几何时，经纪人的判断一度比出版人明显更犀利，但经纪人既没有"形式"，也没有创造过"形式"。经纪人所有的，只是客户

---

① 弗里德里希·迪伦马特（Friedrich Dürrenmatt, 1921—1990），瑞士剧作家、小说家。——译者注
② 卡森·麦卡勒斯（Carson McCullers, 1917—1967），美国著名女性作家，有长篇小说、短篇小说、戏剧、散文、诗歌等多部作品。——译者注

名单罢了。除此之外，你也可以想象一种更加简单也更加激进的解决办法：那就是作者和（大）书商充当了出版人、经纪人、分销商，甚至，也许还有专员的作用。

那么问题来了：这意味着民主进程的胜利，还是普遍愚民的伟大胜利呢？就我个人而言，比较倾向于后者。在一个世纪以前，库尔特·沃尔夫在他的"审判日"系列丛书里出版了像弗朗茨·卡夫卡、罗伯特·瓦尔泽、格奥尔格·特拉克尔以及戈特弗里德·贝恩这样的年轻散文作者和诗人的作品时，这些作家很快就吸引了最初的一小批读者，因为这些书的外观就比较能够吸引人了——它们看起来像是带着标签的纤细的黑色练习本，没有乱七八糟的项目声明和宣传攻势，但它们依然显示出了一些能够展示自己是一个"系列"的东西：它们显示了一种判断力，这对每一个出版人来说都是严峻的考验。没有了这种考验，出版人也只能默默退出——而这很难有人会注意到，也不会有几个人感到惋惜。到了那个时候，出版人就不得不去找另一份工作，因为他的品牌价值几乎是一文不值的。

奥尔德斯·马努提乌斯的广告传单

从开始到现在的五百年里，出版还是没有达成获得极高声誉的目标。出版人又是商人又是马戏团经理，人们总是带着一种不信任去看待他们，就好像看待精明的小贩一样。或许有一天，过去的这一百年会被称为出版的黄金时代。如果在重构二十世纪法国文学的时候，漏掉了伽利玛出版社发展过程中的大事件，显然徒劳无功；或者我们把时间范围再缩小一些：如果在深入研究二十世纪七十年代的知识界，却没有与瑟伊出版社那令人昏昏欲睡的威慑感联系到一起，也是不行的；又或者，如果我们不考虑法兰克福学派的影响，对二十世纪六十年代以后德国发生的事件的了解就不会那么多，而所有这些事情都被祖尔坎普的出版作品记录了下来；再或者，如果我们忽视了埃诺迪的良好教育作用，对意大利战后文学的理解也要大打折扣；最后一个例子，如果手头没有巴塞罗那三位出版人——卡洛斯·巴拉尔、豪尔赫·赫拉德和比阿特丽斯·德莫拉——的编年体书目，要追溯西班牙从佛朗哥独裁时期到今时今日的巨大变化，就会显得很怪异。为了摸清文化的大体脉络，在从学术的角度入手之前，从出版的角度入手是很合适的——因为现今在学术圈,学者们都处于一种强制隔离的环境,在一定程度上愿意根据国家和各自大学的资源来这样做。

但是,我们能够展望二十世纪的黄金时代可以延续到二十一世纪吗?对这个问题,有很多各种各样的疑问。其中首要的一个,便是与今天出版人考虑他们作品的普遍方式有关。事实上,出版贸易要提防的不仅仅是谷歌,而是它本身,是越来越不敢肯定自身的必要性。考虑到英语的主导地位,在那些作为出版先锋的盎格鲁-撒克逊国家,这种问题显得尤为明显。人们走进一家伦敦或者纽约的书店,要一一认出"新书展区"上那些作品的出版人变得越来越困难了。出版人的名字往往变成书脊上默默无闻的一两个首字母缩写。就书籍封面本身而言,每一本都不一样——但是某种程度上来说,看起来又差不多,而每一本书对文本的包装,多多少少还算是成功的。每一本书都有自身的价值,遵从着"一锤子买卖"原则。就作者而言,他们的书在某家特定的出版社(而不是别家)标志下被聚集到了一起,基本上就是作者的经纪人和某位特定出版人协商的产物,这也体现了作者和某位特定编辑的私人关系。与此同时,出版社成了产业链中越来越无关紧要的一环。出版社之间的质量差别当然是相当大的,但是它们走到了一个系列的两个极端——要么是高度商业化、庸俗向,要么是高度文学化、催眠向。在这一系列书目中间,有很多不同的名字。法勒、施特劳斯和吉鲁出版社更偏向于"文学化",

而圣马丁出版社更偏向于"商业化",却没有暗含任何隐秘的考虑,最重要的是,也没有排除商业宣传的某种入侵——文学化的出版人很少会被能够喂饱荷包的商业名头诱惑,而商业化的出版人也不为文学名头所动,尽管对名望的热心追求已经遍布全世界。

这种符合某种思维模式的区别,最令人沮丧的一点是——这确实是错的。很明显,在我刚才描述的那种系列中,西默农和他假想中的"现代化身"应该包括在高度商业化的范畴内,配不上任何文学方面的评价;同样明显的是,很多属于可怜的"作家中的作家",自动被归为高度文学化的那个极端。这对趣味和文学是不利的。真正的出版人(对,这种奇怪的生物依然存在)向来不从"文学"或者"商业"的角度,而是从"好"与"坏"的角度考虑问题(众所周知,"好"的东西总是被人忽视,变得不为人所知)。毕竟,原则上真正的出版人都是傲慢自大的,声称自己的书永远都不会让读者感到单调乏味或者与自己无关。

大约一百年以前,二十世纪很重要的几家出版社(岛屿出版社、伽利玛出版社以及法国水星出版社[①])刚刚建立,正在起步阶段。它们有两个共同特点:都是一群多多少少有点闲钱的朋友建立起来的,有一些在文学上还有野心;而且,在创办出版社之前,它们都是文学期刊——《岛屿》《新法兰西评论》和《法国水星杂志》。后来成为出版人的那些人——安东·基彭贝格、加斯

[①] 原文为法语 Mercure de France。——编者注

顿·伽利玛和阿尔弗雷德·瓦莱特——找到了自己处理书的方式。今天这种情况几乎是不可想见的，因为毕竟时过境迁。此外，文学期刊的目录已经不复存在，或者说，至少没有了那种精致而审慎的现实意义。唯一一本保留了其卓越性、权威性和现实性的期刊就是《纽约书评》。但是，这是第一本评论类期刊，所以可能与在二十世纪三十年代达到顶峰的那种形式不符合，与在玛格丽特·卡埃塔尼秘密保护之下发行了二十九期的《商业》杂志也不能相提并论。

如果我们问，是什么把这些小范围的朋友圈子在二十世纪初聚集到一起的？答案并不是他们想要的东西（往往相当含糊不清又令人困惑），而是他们拒绝的东西。那是一种尼采所指的"鉴赏力"，他称之为"自卫的本能"。（"对许多事物采取不看、不闻、不接近的态度——这是最最聪明的，不是偶然的而是必然的第一证明。"[1]）这个有关书籍出版的段落，如果奏效的话，一定曾经是一个聪明的举动。今天，在伽利玛出版社创立一百年、经历了两代人之后，它在法国出版界已经处于领军地位，仍然因为某种"伽利玛品位"而脱颖而出，这就让我们很容易判断一本书是不是伽利玛出版社出的。虽然周遭的一切都变了，但这种品位——这种把几个朋友聚集到一起的品位却不失为一剂今日的救心丸，能够救起那些时不时就会担忧自己形象越来越模糊、存在

---

[1] ［德］弗里德里希·尼采：《瞧，这个人：尼采自传》，北京，团结出版社，2006 年，54 页。——编者注

感越来越缺失的出版社。同时，有一点也变得越来越显而易见：在很大程度上，品位不再被鉴赏能力这块面料所束缚，而且这处带有破洞的"裂口"已经变得比纤维本身更大。

这不应该令人沮丧。单凭热情和一小群朋友就创办出版社要困难得多，而且也更加不切实际。与此同时，出版业——只要想，只要有勇气——现在有了前所未有的机会。在过去的一百年里，"可出版"的领域延展得极为广阔，如果我们只考虑二十世纪出版的海量人类学、科学、历史学和文学材料的话，一切只待在出版中找到一种新形式。不仅仅是"传世之藏"系列，阿德尔菲出版社的所有书籍从一开始就遵循这个观念。这是一种把最不相关的文字和材料汇聚到广阔激流里的尝试，这激流裹挟着一切前行，每一个拥有鲜活灵敏心灵的人都愿意去阅读。其实，今天出版的最主要目标之一是改变决定什么是可以出版的方法，还要把很多可行的做法归到现在的方法里——这比以往任何时候都明确。这将会是非常巨大的挑战，不过与马努提乌斯刚开始在威尼斯做的没有什么不同。也许这就是应该回顾出版人早年时光的时候了。这是马努提乌斯亲自印刷的一页纸，因为机缘巧合而留存下来，粘在梵蒂冈图书馆里一本希腊语词典复制品的镶边上。这页纸印制于1502年左右，内容包括为奥尔德斯出版社编辑经典希腊文献的学者们的契约。用安东尼·格拉夫顿的话说，"他们同意在有人陪伴的时候只说希腊语，如果不小心说错了就要罚款，一旦这些钱积累到一定程度就可以开一场'研讨会'：一顿慷慨的家常便饭，要比平时奥尔德斯员工的伙食更好。假以时日，其他的希腊文化爱好者也会获准进入这个圈子。"奥尔德斯·马努提乌斯的新学院规则有没有被付诸实践，我们今天是不知道的。但是我们能够回想的是，路德的《九十五条论纲》[①]和1789年8月26日颁布的《人权和公民权宣言》[②]，最初就是用同样的方式印刷的。话虽如此，到现在为止，整个世界和整个出版界的趋势都已经或者正在走向相反的方向，所以"可能"会做的事情一直在减少。"这可能很好，但这是不可能的。"这句话，经常能在出版界里听到。

但如果我们回到二十世纪初，回到那些因为一小群朋友的热情而成为出版人的人身边，我们很容易就能看到，那时候那些出版人都有一种值得赞扬的鲁莽，他们都说过很多次这句话："这将会很棒的，我们来试试吧。"否则的话，就很难解释岛屿出版社多年以来是如何完美整洁地为德国读者印制了一些书的法语版本（比如司汤达的《论爱情》）；出版人欧根·迪德里希斯又是如何在1914年（就是一战爆发的那一年）勇敢地出版了浩瀚的由

[①] 《九十五条论纲》，正式名称为《关于赎罪券的意义及效果的见解》（拉丁语：Disputatio pro declaratione virtutis indulgentiarum），是基督教神学家和修士马丁·路德于1517年张贴在德国维滕贝格的诸圣堂大门上有关反对赎罪券的辩论提纲，引起很大轰动和争辩，不但引发了宗教改革运动，更直接促成了新教的诞生。——译者注
[②] 《人权和公民权宣言》（Déclaration des Droits de l'Homme et du Citoyen），简称《人权宣言》，1789年8月26日颁布，是在法国大革命时期颁布的纲领性文件。——译者注

伟大的印度学家、尼采的好友保罗·多伊森翻译的《奥义书》(首先在规模上就是如此)。这些大胆的事业并没有将岛屿出版社和迪德里希斯毁掉，因为在一个世纪以后的今天，他们依然是德国出版界两个掷地有声的名字。

像这样的伟大工程在今天永远不会成功。是因为出版人没有创办这种出版社的想象力吗？还是因为——有些人可能会反对——这些工程一开始就会被那些洞察力敏锐的出版经理们叫停吗？当然，在一百年之前，我说的那些出版人可没有出版经理，只有记账员和会计。这可能会使他们更愿意冒险，同时也做了更多的准备。但是还有别的东西。在最近一百年的过程中，出版人特有的面貌已经改变，至少在我们将出版人定义为"了解自己出版的书籍和决定书籍的必要形式"的人时是这样的。如果我们接受了这个定义，那么今天就没几个人能当得起"出版人"这个头衔——可能用两只手就数得过来。另一方面，如果编辑只是发现、关注、发展以及推出一家出版社书目中的图书的话，那么编辑的数量就会很多，而且会越来越多。所有的编辑都和一连串的作家和图书有关，好像这些作家和图书都是他们的一样。但这并不包括形式本身——书目，以及出版社正在做的项目。如果一家出版社不能被想象成一种形式——就像内部构成要素高度相容、自给自足的组合体一样，它就很容易变成一个松散的组织，无法引发那些奇妙的元素——品牌力量——甚至营销专家也会认为这对取得一定程度的成功来说至关重要。

新近产生、现在已经遍布图书界的出版经理们，正面临着一种矛盾：一方面，他们受的教育要他们赞扬品牌的价值和重要性；而另一方面，他们的手段只能使得品牌的特殊价值一步步弱化直至妥协。

在出版经理的不切实际的形式中，毫不意外地，他们觉得自己就是那种放之四海而皆准的信条的代表；像这种信条的其他分支一样，他们觉得自己的结果可以在最下面那几行数字的基础上进行评估。这些数字就是底线——这些底线在出版行业可以像在纽扣制造业或者化妆品行业一样惊险、沮丧、平庸或者可以接受，或者和其他待售的商品和服务一样。除此之外，出版那些不是教材的书、没有实际目的的书，还有无意中以"多样性"这种搞笑的名字出现在意大利的书，组成了那些出版经理的信条所适用的、最令人沮丧又变化莫测的分支之一。这似乎进一步刺激而非阻碍了这种"代表"，好像他们就是驯马师，能够驯服脾气最火爆的坐骑。我们经常听说从主流行业改行从事出版业的出版经理，但是却没有出版经理改行去从事主流行业的例子。在出版行业里，经理们处于一种被包围然后消失的境地；或者在这里死守到底，或多或少地做出值得赞扬的成果来。但是，到目前为止，没有一个出版经理与出版界值得纪念的大事有关。在各个领域的角色之间也没有什么转换，不像政界、学术界或者金融界那样有融洽的联系——所以学者短暂地被"借"到政界之后，又回到了学术界；那些金融家转一圈之后又带着更为可观的薪水回到了华尔街。在出版行业能够发财的出版经理几乎是不存在的——或者那一点微不足道的财富，不足以记录到年鉴里。虽然确实有一些出版经理来自主流行业，但是在短暂地涉足出版行业之后，在造成不可修复的损失之前就退回到了他们熟悉的领域（或者，更常见的是，立刻就退回去了）。我们要怎么解释出版业勉强遵从这种迄今为止未受损失的"宇宙真理"信条（就是出版经理们的信条）——或者至少给它一个令人满意的结果？最后，我们必须在这里看一看这部分的特点。

首先，书籍贸易的规模相当一般，所以那些通过努力工作得到的好结果，并不会产生什么让人惊讶的巨大利益。但是，产生巨大损失却很容易。比如，让我们设想，出版集团的高层经理命令他的编辑们通过大幅增加各自的预付稿费，把一群畅销作家从竞争对手那里挖过来。并且，让我们假设（正如经常发生的那样），这些作家所有的新书都是失败的——或者至少产出的利润比那些预付稿费要少。到了那个阶段，剩下的成百上千本书将在未来几个月里化为纸浆，产生的结果对来年的影响不好。没别的了。没有打响第一炮的畅销书作家，几乎不可能有第二次机会。某些渐渐被发现或者再次被发现的书经常会这样，运气好才能在折扣版里得以"复活"。那些紧跟时事的书往往是匆匆忙忙印制出版的，因为它们的主题就是每个人正在谈论的话题，很快就会被时事热点本身甩在身后——人们很快就会谈论别的东西。那么宣传和商业炒作呢？单本书的宣传和商业炒作成本明显变得越来越不成比例。一本书，是同一家公司生产的一百本、二百本或者三百本书中的一本，其中的每一本都等着（或者，至少是它们的作者等着）得到宣传；与之不同的是，倘若某公司新出了一款香水，一定会集中整个品牌的力量来宣传。与香水一起出现的视频和图片，比起媒体为一本小说所做的宣传，不可避免地要更加迷人，也更加印象深刻。凯特·摩丝和查理兹·塞隆没有宣传过一本小说。他们的理由很充分。理论上，一款香水可以在亚洲、欧洲或者美国的数百个机场做广告，但是一本意大利图书不太可能在十几个中等规模的意大利机场里看到。纵观近二十年在全世界成功的例子，没有一本图书是宣传"堆"起来的；反观其他种类的很多成功产品，它们自身的特点甚至还没有宣传战重要。

以后出版界的新气象十有八九是这样的：这个行业会聚集许许多多的编辑甚至是更多的出版经理和市场营销专家，但是出版人却会越来越少。我担心的是，很多人甚至都不会注意到如此大的变化。有些东西就这样消失了，几乎没有人注意到。有时候，这种消失的东西是非常重要的。"谁出版了这本书"这个问题出现的频率可能会越来越低，因为答案是无关紧要的。一切都不露痕迹地走向了这个方向：有个读者（我不知道她的名字）有一次跟我说，她从来没有注意过一本书的作者和出版人都是谁。最后会发生什么呢？还是会有"好书"和"坏书"之分，但是好书只会偶尔零星地出现，根本没有与之相符合的大背景。另外，在书摊上的变化也不会很大。只是除开一点：有一种东西将会消失——也就是出版社,出版社的概念及其形式——很久之后才会有一些人意识到它们的重要性,然而为时已晚。到那时候,唯一的安慰就只剩下这种想法:看上去理所当然的事情并不一定会发生。换句话说,美德不会总是受到粗暴对待。

到现在为止,我已经说了出版业如今面临的两大危险:其一,出版人会对想法进行自我审查;其二,拥有病态动机的出版经理对他们正在面对的事物(也就是书籍本身)知之甚少。但是除此之外,还有一个每个人都能看到的危险:那就是版权之战。

这场战斗现如今正打得如火如荼。在著作权领域的背后,还有隐藏的动机。这种秘密的动机是一种蔑视,对意大利法律称之为"创造性工作"的蔑视。在这个国家,不给员工付清工钱是犯法的,但是不给著作权付报酬却表明,创造性工作不被看作真正的工作。但是,如果不是这样,又应该是怎样的呢?作家为自己的作品宣传的时候,宣传费用却是实打实的——这种由作家身体力行的劳动本身就赋予了作品一种形式。如果我们接受这个观点,作家就不应该靠作品发售产生的利润生活,而是要靠作品衍生的一堆邀请——宣传活动、委员会、顾问工作以及暑期学校,这些都有足够的报酬。这将会重新建立一种可以容忍的平衡。

这种观点慢慢渗透进公众的思想,最后确立了自己的地位。事实就是:每一种作品都被看作沟通:这是一种无头无尾,也没有固定形态的概念，包括了很多类似统计样本主体的人。这种令人羞愧、令人沮丧的情况和强加的秘法相一致，这种秘法是不可名状的现实中一个相对明显的特点。和苏摩祭①一样，在这种最大胆也最冗长的终极吠陀仪式中，献祭者和主祭者之间的区别消失，随之而来的是支付仪式费用的义务（也就是捐献②，如果没有了它，仪式本身不会被看作是有效的）。所以，在互联网的世界里，作品和沟通、作家和普通键盘用户的区别也有一种消失的趋势。因此，也就没有给作品的作者支付报酬的义务，因为每个人都是作者。一些极为高调的人甚至认为，现在这种境况是民主的胜利，这种全球性的民主将会是其他胜利的前奏，不仅仅局限于互联网方面。而且，波德莱尔和福楼拜那个年代折磨这个世界的那种愚蠢③，又换了一种更为微妙和时髦的形式。但是这种愚蠢如今明显有了更多的手段——就是那种似乎无所不在的潜力。

说到这一点，我不愿意留下一种"今天的出版行业已经一败涂地"的印象，尽管我心目中的出版行业应该是出版人只有在出版好书的时候才会高兴的地方。我想说的是，今天的出版行业不过是非常艰难的事业罢了。但是也并没有比威尼斯的奥尔德斯·马努提乌斯在 1499 年出版一本作者不明、用糅合了意大利

---

① 原文为梵语 sattras，指婆罗门教的苏摩祭，由众多婆罗门主持，持续十三天到一百天。——编者注
② 原文为梵语 dakṣiṇā，指吠陀文化时期给予婆罗门祭司的报酬礼物。——译者注
③ 原文为法语 bêtise。——编者注

语、拉丁语和希腊语的语言写成的书更为艰难。这本书的排版也是独一无二的，用木雕来刻写内容。这也是迄今为止印刷得最漂亮的图书；它就是《寻爱绮梦》。至今难以有人、有作品能够望其项背。

出版后记

罗伯托·卡拉索是意大利米兰阿德尔菲出版社的出版人,也是一名作家。除了母语意大利语之外,他还精通英语、法语、德语、西班牙语、拉丁语和古希腊语。作为意大利出版业巨子,他被誉为独一无二的"文学出版规范"。

本书的每一个章节都与某个特定的场合有关,下面列出了它们第一次出现的场合。

1.《出版是一种文学体裁》是 2001 年 10 月 17 日在莫斯科休谢夫国家建筑博物馆举办的会议中发表的演讲。

2.《独一无二的作品》的第一部分发表于 2006 年 10 月 27—28 日的《共和报》;第二部分此前未发表;第三部分是 1995 年 1 月 24 日在"宗教与神话:阿德尔菲出版书目之旅"展览开幕式上的演讲。

3.《写给陌生人的一封信》是《写给陌生人的一百封信》一书的前言。

4.《朱利奥·埃诺迪》发表在 1999 年 4 月 15 日的《意大利晚

邮报》上。

5.《卢恰诺·福阿》发表在 2005 年 1 月 29 日的《共和报》上。

6.《罗杰·斯特劳斯》发表在罗杰·斯特劳斯所著的《一次庆祝》中。

7.《彼得·祖尔坎普》发表在 1975 年 10 月 19 日的《意大利晚邮报》上。

8.《弗拉基米尔·迪米特里耶维奇》是 1986 年 11 月 6 日于洛桑在纪念人类时代出版社成立 20 周年的会议上发表的演讲。

9.《出版人应该取悦谁？》此前未公开。

10.《出版人的隐身》是 2011 年 12 月 1 日于巴黎在法国国际出版总署会议上发表的演讲。

11.《奥尔德斯·马努提乌斯的广告传单》是 2009 年 11 月 3 日于巴塞罗那在阿特兰蒂达出版社举办的论坛上发表的演讲。

服务热线：133-6631-2326　188-1142-1266

读者服务：reader@hinabook.com

后浪出版公司

2017 年 11 月

图书在版编目（CIP）数据

独一无二的作品：出版人的艺术/（意）罗伯托·卡拉索著；魏楠译. -- 成都：四川人民出版社，2017.12

ISBN 978-7-220-10641-5

Ⅰ.①独… Ⅱ.①罗… ②魏… Ⅲ.①出版社—史料—米兰 Ⅳ.① G239.546

中国版本图书馆 CIP 数据核字 (2017) 第 306415 号

四川省版权局
著作权合同登记号
图字：21-2017-105

L'IMPRONTA DELL'EDITORE
Copyright © 2013, Adelphi Edizioni S.P.A Milano
All rights reserved

本中文简体版版权归属于银杏树下（北京）图书有限责任公司

DUYIWUER DE ZUOPIN—CHUBANREN DE YISHU
独一无二的作品——出版人的艺术

著　　者	［意］罗伯托·卡拉索
译　　者	魏楠
选题策划	后浪出版公司
出版统筹	吴兴元
编辑统筹	梅天明
特约编辑	皮建军
责任编辑	邹　近　陈　欣
装帧制造	墨白空间·张莹
营销推广	ONEBOOK

出版发行	四川人民出版社（成都槐树街2号）
网　　址	http://www.scpph.com
E - mail	scrmcbs@sina.com
印　　刷	北京盛通印刷股份有限公司
成品尺寸	143mm×210mm
印　　张	4.75
字　　数	84千
版　　次	2018年6月第1版
印　　次	2018年6月第1次
书　　号	978-7-220-10641-5
定　　价	46.00元

后浪出版咨询(北京)有限责任公司 常年法律顾问：北京大成律师事务所　周天晖 copyright@hinabook.com
未经许可，不得以任何方式复制或抄袭本书部分或全部内容
版权所有，侵权必究

本书若有质量问题，请与本公司图书销售中心联系调换。电话：010-64010019